知らないと損する不思議な話

斎藤一人

PHP文庫

○本表紙図柄＝ロゼッタ・ストーン（大英博物館蔵）
○本表紙デザイン＋紋章＝上田晃郷

はじめに

日本一税金を多く払っている私は、笑いながら成功した、たぐいまれなる強運の持ち主です。

そして、この世でいちばんしあわせな成功者はこの私だ、と自信をもって言えます。

そこで、あなたに、しあわせな成功者になる方法を伝授します。

信じられない人が、世間にはたくさんいることは承知してるんです。

けど、一人さんは「信じてください」って言わないの。

だって、オレ、かなり自信をもってる（笑）。

「私は愛と光と忍耐です」という言葉を言ってると、しあわせな成功者になれるよ――って、このしあわせになる方法を確信するに足《た》る〝事実〟がすでにあるんだよね。

だから、出版社も、この本を出しましょうって、なったんで。

ちなみに、この本は、二部構成になっています。

第1部は、「私は愛と光と忍耐です」を一日一〇〇回、十日間以上言ってる人たちの体験報告。

第2部は、因果（悪いことをした結果、悪いことが起きるカルマ）を消す方法についての〝語り下ろし〟です。

どうぞ、お楽しみください。

斎藤一人

知らないと損する不思議な話

目次

平成二十四年八月五日開催「斎藤一人愛弟子勉強会」体験報告会より

第1部▼笑いながらしあわせな成功者になる方法

第2部 一人さんが語る、成功法則の神髄

～本当の因果の話と、カルマの消し方、教えます～

第1部

平成二十四年八月五日開催
「斎藤一人愛弟子勉強会」体験報告会より

笑いながら しあわせな成功者 になる方法

●ありがたい義母のひと言

千葉県船橋市・永野ひろこさん

「私は愛と光と忍耐です」を一日一〇〇回言うといいよ――。一人さんにそう教わって、やりだしてから一週間たったか、たたない頃だったと思います。想像だにしないことが起きました。

夫の両親と同居して二十二年になるのですが、義母が私にこう言ったのです。

「ひろこさん、お父さんのお世話しに実家に行ったり、泊まったりしていいのよ」

約半年入院していた私の父が退院して、弟と一緒に生活しているのですが、弟は独身で、夜遅くまで仕事で家に戻らないので、義母は「行ってらっしゃい」と言ってくれたのです。

ところが、実は同居の義父も、私の父が退院した前日に退院しているんです。

なので、私にとって、義母のひと言は「まさか！」という感じで、驚きました。

同時に、ホントに「ありがたいなぁ」って思いました。

それからもずっと、約一カ月ほど、あの言葉を一日一〇〇回以上言ってるんですけれど。最近、主人が私のお尻をちょんと触ったりするようになって、なんか「久しぶりだなー」と思ったり(笑)。

あともう一つ、以前の私は「自分には愛がないんじゃないかな」「足りないんじゃないかな」と思っていました。

ところが、「私は愛と光と忍耐です」をずーっと言い続けるようになって、気がつきました。

「ああ、自分には愛がないと思っちゃう自分を責めなくてもいいんだな」

って。

一人さんに、感謝しています。ありがとうございます。

一人さんから

オレが考える「愛」って、人がしあわせになったり、人に〝いいこと〟が起きたら、「よかったね」って言ってあげたりさ、その程度なんだよね。

だから、「自分には愛がありません」とかって言う人が、結構いるんだけどさ。そんなことはないよ、って。

あのさ、人間って、最高で七八％なんだよ。

たいがい、その最高七八％にも、なかなか行かないんだけど。

オレなんか、三〇％ぐらいでいいか、ぐらいに思ってるから、毎日、完璧なの（笑）。

要するに、「私には愛が足りない」―「愛なんてありません」って言う人は、愛の基準が高いんだ、って言いたいんだよ。

完璧を一〇〇％だとしちゃってるから、「あのとき、誰それにこう言えばよかった」「自分には愛がない」とか、自分を責めちゃうんだよな。

人間って、そんなに立派じゃないよ。

けど、立派じゃなくったって、あなただって、精いっぱい生きてるんだよ。

人はみんな、精いっぱい、やってんだよ。

だけど、完璧じゃないんだよな。

その、完璧じゃないのを、許すのも愛。

だから、自分の基準を、愛の基準を三〇％ぐらいに下げたらいい。

そしたら、ちょっとだけ気持ちが楽になるから。

そんな、いちいち「愛とは……」とかって考えなくても、人には誰にでも、愛がいっぱいあるんだよ。

ほとんどの人は気づいてないけど、すでに、みんなのなかに愛がある。

ただ、愛をウマく表現できる人とそうじゃない人がいる、それだけのことで。

ともかく、完璧にはできないんだから、オレたち（笑）。基準をね、最高でも三〇％。そうすると、たいがい毎日、完璧だから。わかったかい。三〇％で行くんだよ。

●余計なひと言に後悔するパターン激減

東京都世田谷区・柴田さん

「私は愛と光と忍耐です」を一日一〇〇回以上言いだしてから、約一ヵ月になります。
この言葉を言う前の僕は、たとえば、間違ったことをしている人に注意しなきゃいけないときに、つい「バカだな」とか、余計なひと言が先に出ちゃったりして。

後になって、「なんで、あんなこと、言っちゃったんだろう」と後悔するようなタイプだったんです。

ところが、「愛と光と忍耐です」を言いだしてから、自分で自分に「ちょっと待てよ」と、一拍置けるようになってきた。

職場で同僚に注意するにしても、意見を求めるにしても、冷静でいられることが、すごく仕事に役立つのではないかと思っています。

この「私は愛と光と忍耐です」は、仕事だけでなく、僕の課題である人間関係をよりよくしていくための、すごくいいアイテムになっています。

●教師人生の転機となるような〝ひらめき〟がやってきた！

埼玉県・成田くん

僕は教師をしています。三年ほど前から、障害のある子どもの教育をしてるんですけど、すごい、障害の重い子たちです。

元々、僕はふつうの小学校とか、ふつうの中学の先生になるつもりが、いきなり、障害のある子どもの教育をすることになって。

自分のやったことが、相手にウマく伝わらなくて、やったことに対して反応がないというか、喜ばれないというか。

それで、今の職場を辞めようか、どうしようかと思ってたときに、一人さんファンの集まるお店に行ったら、たまたま一人さんがいて。

そのとき、一人さんにちょっとお話ししてもらって、僕も「私は愛と光と忍耐です」を言いだしたんですね。

言いだして一週間後、自分が「愛と光と忍耐」というより、なんていうかな。

僕は重度障害児の教育をやったことがないまま、今の職場に行って、どうしていいか、わかんなくて。

だから、あの子たちこそ、僕に「愛と光と忍耐」で接してくれてたんじゃないかな、って思えるようになったんです。

ホントにもう、僕は最初、ベテランの先生にめちゃくちゃ怒られまくってて。信じられないようなことをしてたらしいんです、そのベテランの先生からすると、「そんなことも知らんのか！」みたいな（笑）。

でも、そんな僕に三年間、「愛と光と忍耐」で接してくれてたのは、彼らだったんだな、って気づきました。

今後も、ずっと、そういう学校にずっといるかどうかわかりませんが、どんな職場に行っても、この思いで、子どもとか周りの人に接していきたい、って思いました。

一人さんから

今から話すことは、みんなに話してると思って聞いててほしいんだけど。

あのね、もし、今、勤めてる職場が自分に向かないなと思ったら辞めればいいんだよ。

ただき、人間って本当に〝慣れの生きもの〟なの。慣れちゃう。

だから、「こんなことって、できんのかな」っていうことが、何日かいると慣れちゃうの。

誰でもできないものはできないんだよ。だけど、そこに勤まってる誰かがいるとすると、どんな人でも慣れちゃう。

ヘンな話、軍隊って、一日で何十キロって、重い荷物を背負わされて歩かされるんだけど、ほぼ、落伍《らくご》する人はいないんだよね。

それで、人間って「つらい、つらい」と言ってても、しばらくすると
ね、人間の体って慣れちゃうんだよね。
イヤ、慣れればいい、ってもんでもないんだけど。
でも、結構、〝慣れの生きもの〟なの。
だから、しばらくやってると、慣れちゃう、っていうのもあるから。
それで、やりたいなら、ちょっとだけ辛抱するとできちゃうの。
そういうことも頭のなかに入れといて、ハナっから「ゼッタイ無理だ」
じゃなくて、「できるんだ」と思ってやってみる。
それでも向かないなら、辞めたほうがいいの。
人間ってのは、向かないことってあるんだ、いっぱい。
やってみるまで、わからないから、やってみたら「向かない」というの
がわかるんだよね。
だから、人間ってね、何でも「やりはじめたら、がんばんなきゃいけな
い」ってワケでもないの。

でも、ハナっから「続かないから辞める」じゃないの。きっとできるの。辛抱してね、何カ月かやってると。

あの、みんなに言っとくけど、最初からウマく行くことはないの。最初からウマくはゼッタイ行かないよ。

「慣れる」っていうのは、失敗しながら、怒られながら慣れるんであって。

最初からウマく行くようなものはない。

プロの仕事ってのは、そういうものじゃないから。

それで、もしダメになっても、そこの職場なり、業界なりを見られただけ得。

こういうところがあるんだ、っていうのはね、知っといて損はない。

ゼッタイ、経験って何一つ損はないの。

「こういう人もいるのか」とかさ、上司がムチャクチャなヤツだと、「こんなヤツ、世のなかにいるのか」とかって（笑）。

経験するだけでね、ありがたい、ってのの、いるよ（笑）。映画にも出てこないような、すごいヤツ（笑）。「これ、映画よりすごい」ってのの、あるからね。そういうのを経験するだけしあわせだね。

●いいことばかりで絶好調！

東京都江戸川区・磯部勇人《はやと》さん

「私は愛と光と忍耐です」を一日一〇〇回言いだした次の日から、自分が「愛と光」になった感じがして、絶好調です。

近所で有名なガンコ親父と道で会っても、自然と明るくあいさつできるし、視界も今までと全然違って、スッゴいクリアな感じで。

ホントに、僕にはいいことばっかり。

ところが、僕のパートナーが「私は愛と光と忍耐です」をやりはじめたときに、頭痛がしたり、吐き気がして。

一人さんファンの集まるお店で聞いたら、「それは好転反応ですよ」と言われたそうなんです。

僕も、一人さんから、自分のなかに「私は愛と光と忍耐です」という言葉が入ると悪いモノが出るよ、みたいな話を聞いていました。

だけど、僕の場合、頭痛とかの好転反応が全然出ないんですよ。

私は愛と光と忍耐です――段々、ムキになって言ったりなんかして（笑）。

そんなとき、一人さんファンの集まるお店に行ったら、たまたま一人さんがいて、そのときに聞いてみたんです。

そしたら、一人さんが「それは心がキレイだからだよ」って言われて。

一人さんにそんなことを言われたら、もう、しびれちゃう（笑）。

しびれたら、さらに絶好調になって。

これからも絶好調で行きたいと思います。

一人さんから

「愛と光と忍耐です」を言うと、みんな気分、悪くなるからね――って言うんだけど、全員がそうなるんじゃなくて、一部の人なんだよ。

気分が悪くなるのは好転反応みたいなもんで、すぐ何ともなくなるから、心配いらないんだけどさ。

気分が悪くなるようなことがあると、せっかくはじめたいことを止めちゃう人がいるんだよな。

だから、みんながはじめる前に「気分、悪くなるよ」って、予防注射を打っといたんだけど。

あのね、ものをやるときっていうのは、必ずね、「みんな、これとこれでつまずくな」って。つまずくものがあるんだよ。

だから、オレは予防注射を打つんだな。予防注射って、最初から打っとかなきゃ。病気になってから予防注射を打ったって、ダメなんだよ。

あらかじめね、人を指導するときには、これとこれで挫折するな、みたいなのがあるの。だから、「一〇〇回言ってください」と言う。

そうじゃないと、挫折する人って必ず、「言ってると気分が悪いんです」で止めちゃうんだよね。

だけど、あらかじめ「これをやると気分が悪くなって、こういう状態ですからね」って言っとくと、続くんだよな。

だから、何かやるときには、あらかじめ「これがこうなるよ」って、オレは言うんだけど。

「愛と光と忍耐です」を言ってても、「気分が悪くならないです」っていう人が大半だから、あなたが必ず気分が悪くなるワケじゃない。

だから、楽しんでやってください、ってことです。

●頭のなかの否定的なおしゃべりが減って安心感

千葉県市川市・池田昭子さん

「私は愛と光と忍耐です」を言い続けて、だいたい十日ぐらいで気づいたことがあるんです。

自分の頭のなかの否定的な言葉、「これ、無理かなぁ」とかいう、おしゃべりが減ってきました。

頭のなかに「これ、やろうかなー」というのが浮かんで、「でも、止めとこうかな」っていうことが、みなさんにもあると思うのですが。

それを、クヨクヨ考えちゃうのが以前の私で。

でも、「愛と光と忍耐です」を言いだしてから、クヨクヨ考えるのが半分ぐらいかな？　減ってきて。

それから、会社から自宅に帰る途中、その日にあったことをクヨクヨ思っちゃって、ひきずっていたのが、なんか、

「あぁ、今日は楽しかったなー」

とか言っている自分に気づいたりとか。

やっぱり安心感が、前よりあるみたいです。

なので、これからも、言い続けてみたいと思います。

●極端に心配性な自分を卒業できました

東京都江戸川区・馬場春美さん

「私は愛と光と忍耐です」を一日一〇〇回言いだして二週間ほどたった

頃、息子から電話がありまして、

「おふくろ、実はオレ……」

すっごい深刻なんです、そう言う息子の声が。

で、私、ビックリしたんです。息子に対してでなく、自分に。

今までの私なら、深刻な声を聞いた時点で、もうドキドキして、心配でたまらない。それが、あのときは全然違ってたんです、私の対応が。

実は、ウチの息子、会社をクビになったのですが、それを告げられたとき、私は落ち着いて「その理由はなんなの？」と聞けたんです。

ちなみに、息子は会社の寮に住んでいたのですが、息子はただただやさしい子で動物が大好きで、内緒でウサギを一匹、飼っていました。それが会社にバレてクビになったんです。

私は思わず、ゲラン、ゲラン、笑ってしまいました。

そしたら、息子が「いや、おふくろ、もっと深刻な話があるんだ」と言う。

聞けば、息子が生活していたのは会社借り上げの社員寮なのですが、そこを出て行くときに、修繕費がン十万円かかる。

ついては、そのお金、ちょっとだけ貸してもらえると助かるんだけど、という話で、

「おふくろ、お金ある？」

と息子が言うので、私は、こう返しました。

「キミ、あのね、お母さんを見そこなっちゃいけない。私は二十二年間、意地とプライドと、生活をかけて働いて、今もバリバリの営業員なんだから。なんだったら、すぐ振りこむよ」

タンカ切って、電話を切りまして、

「ウサギ一匹で、あの子らしいわ……」

って、またゲラゲラ笑ったんですけど。

実は私、ホントに病的なぐらいの心配性で。

たとえば、お客さんからのクレームが解決しても、「あのお客さんは気

が変わって、裁判を起こして、私を訴えるんじゃないか」とかって。

それぐらい病的な心配性だった私が、息子が抱えてる問題を余裕をもって聞いてあげられて、なおかつ「あ、私、笑えてる」って。

「なんていうことはない」という心持ちでいる自分に、ホントに驚きました。

一人さんから

「私は愛と光と忍耐です」を一日一〇〇回、十日以上言ってて何が起きるんですか？――と言ったとき、あなたが変わるんだよね。

そのことによって、周りの人が助かるんだよ。

だから通常、言いはじめてすぐ、あなたが社会的な成功をおさめる、とかってことは少ない。

通常は、周りの人があなたに対して「あの人、変わったよね」とか、「最近、明るくなったよね」とか、「怒らなくなったよね」とか。「怒られても、その後、落ち込まなくなったよね」とかって。

わかるかい。

それ、周りの人が助かってるんだよ。

この世の成功ってのは、人に対する奉仕なんだよ。

奉仕というと、何かをやってあげることだと思われてるけど、周りの人に心配させないって、実はすごい奉仕なんだよ。

自分の家族のなかで誰かが、家に閉じこもって、落ち込んでいられるより、出歩いてくれてたほうが安心だし、働きに行けたほうがいいじゃん、ね。

だから人って、たいがい自分でも知らないうちに、人に負担をかけてることがあるの。それが、いわゆる「因果」なんだよ。

因果とは、悪いことをすると自分に悪いことが起きるっていうこと。

悪いことをする、って、特別、人に嫌がらせとか、してないんだよ。

知らないうちに暗い顔、しちゃってるとか、泣きごと言っちゃってるとか、その程度のことなの。

そんなことが、ちっちゃい毒、ちっちゃい菌を撒《ま》いてるようなもんで。それが、日常で山のようになるんだよね。

ところが、そういうことをしないで愛と光として生きる、自分が〝本来の自分〟になってくると、周りの人が助かって、人に愛される。因果も解消されるんだよ、って。

●ますますステキな自分に生まれ変わります

千葉県佐倉市・仁藤加代子さん

「愛と光と忍耐」を言いだして、一〇〇〇回ぐらいに近づいたときに気づきがありました。

私はいつも、主人に怒鳴られていると思っていました。大きな声で、それがとても嫌だったんですが、一〇〇〇回ぐらいで、主人が怒鳴っていないことに気づきました。

それと、一人さんファンの集まるお店にきても「早く帰らなきゃいけない」と思っていました。それも、夕飯の支度が遅れると主人が怒るからだって、思っていたんです。

でも、違っていたんですね。自分でそうしていたんです。主人のせいでそうなったのではなくて、私自身がそういうふうに思って、そのように行動していただけだった。

そしたら最近、主人が私に「変わったね」って。

「え、私、どういうふうに変わりました？」

聞いたら、驚きました。

私自身はそんなこと、全然、身に覚えがないのですが、主人に言わせると以前の私はとても短気だったそうです。

だから、私が何か言うたびに、向こうも大きな声で、応対してたらしいんですけど、それがなくなったんですね。

あと、もう一つなんですけど。

毎日毎日、「これでいいのかな」とか、「こんなことしてていいのかな」って、なんか、ぐるぐる自分の精神状態が波打つように、今なっています。

これは、たぶん、一人さんのたとえ話になぞらえて言うと、古い水の入ったコップに「愛と光と忍耐」が入って、古いお水がコップからこぼれて落ちているのかなーと自分なりに解釈している、今日この頃です。

一人さんから

この世は神さまのご招待だ——って、よく言うんだけど、ホントに、この地球はパラダイスなの。

だから、一日、一日を楽しく楽しく過ごすんだよ。

誰だって、苦しむ必要なんか、ないよ。

だって、苦しむことで、何か、すばらしいものが生まれるんじゃないもん。

苦しみからは、うらみが生まれるんだよ。

ガマンもそうだよ。

ガマンして、ガマンして、ガマンした後には、うらみが残るんだよ。

それより、ここ自体が、神さまのご招待なの。

それで、オレたちがやってることは、遊行《ゆうこう》なのね。楽しく楽しく、遊ぶがごとく覚えちゃおうよ、っていうこと。

だからオレは、遊行論者だから「苦しむ必要はない」と思ってる。

こういうことを言うと、やってる人に怒られちゃうけど、壁に向かって何年も座禅してた、って、おかしいよ。

だって、外に行けばね、いっぱい〝いい人〟がいて、鳥も飛んで、花も咲いてるのに、壁に向かって何日も座ってる、とかってね。

好きでやってるのならいいけど。

あなた、ホントにしあわせですか？——って、一回、聞きたい。

ここに集まってる人はさ、「ホントに、しあわせだね」って言える。

「ホントに」がつくね。

理屈を言われて、「しあわせだ」と思わされてるんじゃなくて、「ホントに、しあわせですね」って言えるのがいちばんいいんだ、って思うんだよな。

●自分の体に「ありがとう」と言えるようになりました

東京都江戸川区・齊藤真美さん

今、みなさんから見て、パッと見ではよくわからないと思いますが、私は左半身にまひが、片まひがあります。

一応、ふつうに、日常生活に支障のない程度に動けるので困っていないのですが、仕事とかで、パッパと判断してチャッチャと動かないといけない状況だと、ネックになってくるところがあります。

それで、前はよく仕事のときとかに「早く、早く」とせかされると、すごく焦ってしまって、ウマく行かないことが多かったんです。

それが、この「私は愛と光と忍耐です」という言葉を言うようになってから、なんか、自分に対していちばん、ゆとりがもてるようになって。

パッパと動かないといけないとき、焦っても、「いいんだよ、いいんだよ」って、自分に対して話してあげられるようになりました。

それで私、今、二つ、仕事しているのですが。

一つは、夕方から夜十二時ぐらいにかけてレストランでウェイトレスを。

もう一つは午前中、介護施設でご飯を作る仕事をしています。

そこの介護施設で、おじいちゃん、おばあちゃんとかを見てると、体が不自由な人とかがいっぱいいます。

私は自分でご飯を食べたり、自分でトイレに行ったり、お風呂に入ったり。

そういうのができるって、すごいことなんだな、という思いになって。

それと、今までずっと、自分の体に対して……。

子どもの頃から、十一歳ぐらいからこういう体なんですけれど。

自分の体に対してずっと、マイナスの思いをずーっと、してたんです。

だから、自分には片まひがあることすら、人に話せなかった。それはすごく勇気のいることで。

なんか、ふつうに暮らせている自分の体に感謝できるようになってから、夜、寝る前とかに、自分の手を触って、

「今日も一日、働いてくれてありがとう」

って、感謝ができるようになりました。

それが、あの言葉を唱えて一週間ぐらいでそういう変化が起きて。

それがすごい、今の私にとって大きかったです。ありがとうございました。

一人さんから

オレ、真美ちゃんの話を聞いて、彼女、ホントによくがんばってるなって、素直に思うのね。

ふつう実家にいてね。

いや、実家にいるのがいけない、っていうんじゃないんだよ。

ただ、親と一緒に暮らしてたら、家賃もなにもかかんないし、困らないじゃない？

だけど、真美ちゃんは、親元から離れて、一人で生活しててさ。

若い女の子が一人で生活するって、自分をちゃんと食べさせて、家賃も払って、なにしてってさ、容易なことじゃないと思うの。

それを、片まひがあって、そうしてるってのはさ。

しかも、ウェイトレスとか、介護施設で働いて、体をつかう仕事をさ、選んでな。

すごい魂だな、って、頭がさがります。

●危機一髪《いっぱつ》——大どんでん返しから、次々とまさかの展開！

東京都江東区・ハニーさん

この前、ちょっと家計簿を見たら、今年になって、結構、ものいりで（笑）。

「なんか今年、結構、出費があったよね」

って、ウチの主人に言ったら、

「おまえが出かけるようになったからじゃないか」

と言われて。

あ、そっか、ちょっと前まで私、家にひきこもってたんだ、って思い出して（笑）。

一人さんファンの集まるお店に行けるようになって、最近、いろいろなところに出かけられるようになって。

友だちと食事に行ったり、デパートとかで買い物を楽しんだり、いろいろなところで楽しくお金をつかうようになって。

以前の私は全然出かけなくて、お金をつかうようなこと、してなかったんだな——って思ってると、主人が「どうするんだ」みたいな感じの顔を私に向けてまして（笑）。

夫婦の修行——主人と金銭のことでもめそうになってたときに、ちょうど、同じ愛弟子《まなでし》の永井久美子ちゃんから、「愛と光と忍耐」のメールをいただいて。

それを読んでたら、なぜか知らないけれど、笑ってしまったんですね（笑）。

そしたら、主人が私のそのニヤけた顔にゾッとしたみたいで（笑）。

ついさっきまで、深刻そうな、怒りそうな顔してた主人が、ビックリして台所に逃げてしまいました（笑）。

話しあいはそれで中断して、その後、三日間ぐらい、お互いに触れないでいました。

私はというと、「私は愛と光と忍耐です」を唱えてて、なんか、ちょっと、くらーくなってた三日間があって。

たぶん、心のどこかで「どうしよう、どうしよう」と思っていたんでしょう。本屋さんにふらっと入って、以前、買って読んだことのある、一人さんの本を手にとって、今の私に必要な言葉はなんだろうと思って、開きました。

そしたら、一人さんの夢の話が載ってて。牧場に裸の女の人を放し飼いにするっていう夢なんですけど（笑）。

それを読んだら、急にもう、いろいろなものがフッと、吹っ飛んで、

「楽しけりゃいいんだー」

と思った瞬間、私の頭のなかの一人さんが、

「働いちゃいな」

って、言ったんですね。

それでスッキリして、家に帰って、主人に会うなり、

「働くわ」

って言ったんです。

主人は、思いがけない言葉にビックリして、何も言ってこなかったんですけど、その後、一週間ぐらいたった頃に、

「やれることは協力するから」

と言ってくれたんです。

それで、ある会社に面接に行ったら採用されて、今、働いてます。

一人さんから

家にこもってた人が出かけられるようになって、働きに行くって、それ、すごい奇跡なんだよね。

ふつうの人にとって、働きに行くのはふつうだけど、ハニーさんが働き

に行くまでには長いプロセスがあるんだよ。

以前、彼女に会ったときはね、平井っていうところの、川にかかってる橋がすごく長く感じて、アレを渡れなかった、って言うんだよね。

それが、ちょくちょく、こっちに、こられるようになって、今度、働きに行くって言うんだよね。

働きに行ける、ってさ、しあわせだよね。

きっと、ダンナさんも、しあわせだと思うよ。

あのね、家に病人を置いていくって、家族はすごく神経つかうんだよね。高じてくると、帰ったら首つってるんじゃないかとか、いろんなこと、考えだすんだよ。

そういうのがなくなっただけで、すごくいいよね。おめでとう、よかったな。

●困ったことをするお客さんが突然〝いい人〟に！

東京都江戸川区・こずえさん

私のお店には、いろいろなお客さんがやってきます。ほとんどはいい方なんですが、まれにすごいお客さんもいて、イライラだとか自分の感情を店員にぶつけたりするんですね。

そういうお客さんに対しては、お勘定が済んでこちらに背中を向けたときに、相手のしあわせを念じていたんです。自分の心を鎮めようと思って。

ところが、一人さんから「私は愛と光と忍耐です」というのを教わってから、すごいお客さんと相対した後に、「私は愛と光と忍耐です」を心のなかで唱えだしました。

それを一週間ほどやり続けたときに、自分に自信がついてきた、っていうのかな。

すごいお客さんに対して毅然《きぜん》とした態度をとれるようになったかな、自分のなかでそういうふうに変化が起こってるな、っていうのを感じだしました。

そしたら、常連さんで、いつも私たち店員を困らせるようなことを言う方がいたのですが、その方が先日、私に、

「これから、あんたをほめるようにするよ」

と言ったんです。

私は「それはすごくいい気づきですね（笑）」と言葉を返して。

こういう会話ができるようになったことに、自分でも驚いています。

一人さんから

昔話で、大金持ちの子どもが迷子になった、っていうのがあってさ。

その子どもはホームレスになって帰ってきて、ボロボロの服を着てた。

それ、ちっちゃいときに着せた服を、まだ着てたんだよね。

ところが実は、その人が着てた服の襟元《えりもと》に、一つの国が買えるぐらいの宝物を隠し入れていたんだよ。

その人は、「宝物がある」ということを知らないで、ホームレスになって歩いてた。

そういう話があるんだけど、この話には、実は深い意味がある。

オレたち人間は、一人ひとり、とんでもない才能があるんだけど、みんなはそのことを知らないで生きてる——ということのたとえ話で、一生懸命、あなたたちは神の子なんだよって、教えてるんだよね。

それで、「私は愛と光と忍耐です」と言うのも、実は「私は神です」と言うことなの。

オレたち人間は、天にいる神、いわゆる「大霊」という、大きい霊の愛と光を分けてもらってる。それを「分霊《わけみたま》」と言うんだけど。

分霊をもらってるオレたちは神の子なんだけど、わかりづらいんだよな。

オタマジャクシだって、蛙の子は蛙なんだけど、蛙の格好をしてないから、わかりづらいのと同じでさ（笑）。

たいがいの人は、自分を神の子だとは知らないで、「自分はつまんない人間だ」とかさ、自分で自分を低く見てるんだよね。

それが自分だと思ってる。私はこういう人間だから、こういうことが起きると、こういうふうに応える、とかって思ってるんだけど。

自分の判断って、自分が判断してると思っていることのほんの数％しか自分の判断ではないんだよね。

大半は、親から教わった習慣だったり、先祖代々、そこのウチに伝わってるような何かだったり、世間の意見だったり、なんだよ。

ところが、「私は愛と光と忍耐です」と言ってると、自然と、正しい判断ができるようになってくる。

目の前で起きた問題に対して、自分は「愛と光」として答えを出そうと思った、そのときにはもう、その人は神としてふるまってる。

自分では気がつかなくっても、神と同じ判断基準になってるんだよね。

だから、こずえさんが自分に自信をもって、毅然とした態度を取れるようになったら、相手が変わっちゃった、っていうのは、彼女が神の基準でものを考えるから。

そうすると、高みから見られるんだよ。神と同じ基準になった人ってさ、相当、高いからね。

それから、そのとき、人は、ものすごく強い波動を出すんだよ。

その波動で、相手が変わったんだ。

●苦しいことをガマンするのが「忍耐」じゃないんですね

岩下恭子さん

「私は愛と光と忍耐です」なのですが、私は忍耐とか、ガマンすることが苦手な人間でして(笑)。

はじめは、「忍耐」という言葉に抵抗感がありました。

「愛と光」はわかるのですが、「忍耐」ってどうしてだろうと思いました。

でも、「私は愛と光と忍耐です」を言いながら、よく考えてみたときに、「愛と光と忍耐です」の「忍耐」は、つらいことをガマンすることではないのではないかと思いました。

私たちは、「人間はみな神の子で、神さまは人間の親なんだよ」って、一人さんに教えていただいています。

未熟な人間でも、神さまは親が子どもを見守るように忍耐強く、慈愛の心で、私たちの魂が成長するのを待っていてくださっている。

だから、「忍耐」なんだ、「愛と光と忍耐」は神さまのことなのだと思いました。

「私は愛と光と忍耐です」という言葉をこれからも言いながら、さらに自分の魂を成長させて神さまのような存在に近づいていきたいと思います。

●職場でも、家庭でも、ハッピーラッキーです

東京都品川区・みっちーさん

今、夜、寝る前に一〇〇回、「私は愛と光と忍耐です」を唱えて、あと

は通勤のときに唱えています。

夜寝るときに、浴室の洗面所の鏡で自分の目を見て言うときもあります。

そうすると、これホントなんですけど、朝、起きたときに、「愛と光と忍耐です」という言葉のイメージみたいなのが出てくるんですね。そうして、一回、深呼吸をすると、すごいしあわせな気持ちになって、それから起きるようにしています。

ところで、私の職場では、この直近の一週間、結構、大きな問題がたて続けに起きました。

以前だと、自分も一緒になって騒いでいたと思うんですけど、今はニコニコしながら、みんなに「別にたいしたことは起きないよ」って。「みんな、楽しくやろう」って、笑って言えるんです。

ちなみに私の職場では日々どんな問題が起きてるかというと。

出版とかをやってるので、たとえば、発売日がずれちゃうとかね。

そうすると、みんな、はじめは血相を変えて、私のところにくるんですけれど、帰るときにはニコニコ笑ってる。

私はというと、この後、お客さんにお詫びの行脚《あんぎゃ》ですよね。

ですけど全然、大丈夫なんです。なぜか、ニコニコ笑っていられます。

たぶん、「私は愛と光と忍耐です」が効いているんだと思います。

一方、家庭のことなんですけれど。

先日、早めの夏休みをとりまして、家族で新潟の湯沢に行って。その足で、一人さんの愛弟子仲間たちと埼玉の秩父で合流して、観音参りを楽しんできました。

合計で五日間、家族と一緒に過ごしたんですけど、今までにないぐらい楽しかったんです。

たぶん、私がニコニコしていたからだと思いますが、妻がニコニコしてたんですね。

今までだったら、妻は、観音参りみたいな、外に出て歩きまわるとか、疲れるようなことは、やりたがらない人だったんです。

その妻が、私につきあって、観音参りをやってくれたうえに、ニコニコしてくれていたので、よかったです。

●五十一年間生きてきて味わったことのない、しあわせを感じてます！

京都市下京区・タダシさん

「私は愛と光と忍耐です」を、一カ月間ずーっと、言い続けてて。

自分が愛と光であり続けようと努力し続けることが「忍耐」で、その忍耐をするのが、いちばん忍耐のいらない人生になるよ——と一人さんが、おっしゃってくれた通りの一カ月間でして。

私の会社は、いろいろなホテルの客室管理を請け負っています。

私は今まで二〇カ所ぐらいの、いろいろなホテルにかかわってきました。そのなかでも、今、私が担当しているホテルは、他に類がないほどすごい。

どのぐらいすごいかと言うと、他のホテルであれば、クレームに対する改善だとか、清掃不備への対処だとか、だいたい一年分ぐらいの量を、このホテルはたった一週間でやります。

そういうホテルの仕事を請け負ってる側の人間にとって、そこの現場は戦場さながらです。

フロアを担当しているリーダーも、ホテル側からガンガン、ガンガン言われて、早い人だと一週間で辞めちゃう。いくらこちらで人材を育てても、一カ月ともたない。

私どもの会社も、何度もホテル側に申し入れをするんですけれど、ホテル側は「あいつ、飛ばせ」「あいつ、クビにしろ」と。要するに、ホテル側の担当者は業者泣かせと言われる人物なんです。

ですので、私どもの会社の責任者クラスの人間も、半年もつかどうかなんですね。

そういう現場の責任者として私は働いています。一人さんの教えがあったおかげで、私はもう二年半も、この現場にいることができているのですが。

現場責任者の私は、部下を守らなきゃいけない。だけど、お客さんに対して、当然サービスしなきゃいけないし、会社に対して赤字を出すワケにはいかない。

そういうなかで、私は、ガッツン、ガッツン、業者泣かせの担当者とぶつかっていたんですね。

そのたびに、「あいつを外せ」「クビだ」と言われていたんですけど(笑)。

一人さんから教わった学びを一つひとつ実践していって、二年半なんとか、その現場でやってこられました。

だけど、一人さんから「私は愛と光と忍耐です」を教わってからは、これ一本にして、最近は「私は愛と光と忍耐です」しか、やってないんです。

なのに、不思議なことに、私、あの担当者にかみつかれなくなったんですよ。

担当者自身は変わりませんよ。相変わらず、あちこち、かみついてて(笑)。

でも、なぜか、私にはかみついてこなくなったんですね。

それともう一つ、すごいことを、ちょっと体験しました(笑)。

私は若いときから、比較的、いろいろな場面、場面で、頼られてきました。

「あー、あなたがいてくれるから安心だ」とかって言ってくれる人がいるし、言われなくても、目線でわかる。

「あ、僕のこと、頼ってくれてるな」みたいな目線があるじゃないですか。

なかには、多少、恐れられてるかな、っていうのもあったんですけれど(笑)。

でもまぁ、「あ、この人、僕のこと、尊敬してくれているんだ」とか、「頼られてるな」というのは感じてたんですね。

ただ、「好かれてるかな?」という目線って、私はあんまり感じたことがなかったんです。

それが、「私は愛と光と忍耐です」を言いだしてから、「慕《した》われてるな」っていう雰囲気と目線を感じるんです、この一カ月間。

今、五十一歳なんですけれど、こういうのは、生まれてはじめて。

これ、今まで味わったことがないんです。

すごく、今しあわせです。

一人さんから

人は、人によって、しあわせになるんだ。

だって、お金でも何でも、お金だけ歩いてることはゼッタイないんだよ。

お金持ちになりたかったら、そば屋でも何でも、客が来てくれるか、出前とってくれるか。

要は、人が介在するんだよ。

それで、これからの魂の時代で、仕事でも何でも、人に愛されない限り、成功はないんだよ。

過去の一瞬、バブルの時代だけ、性格が悪くても、「この土地、買う」って言えば、売ってくれたんだよ。

株でも何でも、「これ、買う」って言えば、性格が悪くたって、株価が上がれば儲《もう》かったけど、あんな時代は、もう魂の時代にはこないんだよ。

魂の時代には、人間の魅力勝負、あなたがどのぐらい好かれているか、なの。

それで、魅力っていうのは、考え方と、何を言うか、なんだよ。

いいかい。

人の心のなかには、「愛と光」、それに対して「恐れと闇」というね、対極があるんだよ。

愛と光が優勢のときは、神。暗いところにいる、恐れの人間は悪魔なんだよ。

だから、人というのは、神にも悪魔にもなれるんだよ。オレたちのなかに天国と地獄があるんだ。

それで、恐れで生きている人間は、この世が地獄、死んでも地獄へ行くんだよ。

なぜかと言うと、あの世に行ったら、同じ波動の人間が集まるから。

地獄って、神が創ったんじゃないんだよ。自分と同じ波動のところへ行ったら、暗いヤツしかいなくて、そこが地獄だった、っていうだけのことで（笑）。

ともかく、オレたちのなかに、闇と光の戦いがあるの。

それで、闇が勝っちゃうと、地獄になっちゃう。

闇っていうのは、怒りだとか、ねたみだとか、不安だとか、心配ごとで。そういうので生きていると、心のなかも、世のなかも闇なんだよ。

だから、心が闇のとき、あなたを支配してるのは、悪魔なんだ。

悪魔って何ですか？　って、暗い考え、天国とは反対側の考えなんだよ。

だから、思いっきり、「愛と光」に置いとこう、っていうのは、自分のなかをいつも天国にしていよう、っていうことなの。

それで、天国にいるような顔してると、その人の光を当てられた人たちは、

「あ、この人、今までと違う」

これで世のなかが変わるんだよ。

だから、奇跡ってね、あなたの考え方が変わる、あなたの波動が変わる、そうすると、世間の見る目が変わることなんだよ。

人生とは、その順番なの。

人で説明するとわかりづらいけど、お店がそうなんだよ。

そば屋へ客が来ないのは、そばがマズいか、店が汚いか、愛想がないか。これの、ゼッタイ、どれかに入ってんだよ(笑)。

だけど、その人がね、一念発起してさ、「そば、ウマいもんつくろう」とか、「笑顔にしよう」とかってなったとき、ふらっとそば屋へきた人が、「あれ？　前と変わったじゃん」

そしたら、また来たくなって、その人が友だちを連れてきて、新しいお客が来て、それで繁盛店に変わるんだよね。

だから、人生が変わるって、そんな魔法の言葉を言ったから変わる、ってもんじゃないんだよ。

人生が変わる、奇跡が起きるのは、あなたの心が変わったから。

だから、今あなたは、暗い心か、明るい心か、どっちにいますか？

これによってあなたの顔つきが変わり、言うことが変わるから、世間の見る目が変わるんだよ。そのときに、人生って、違いが出てくるようになるんだよ。

常に、このパターンなんだよね。

●落ち着いて問題に対処できるようになりました

東京都港区・きーちゃん

「私は愛と光と忍耐です」を言いはじめてから二、三週間、ちょっとしたことはあったんですけれども、それはもう軽く流せた感じだったんですね。

ただ、つい先日の木曜日、職場で、軽く流せないようなことが起きて。上司が、一方的に、っていうか、急に怒りだしまして。

その日私は、お客さんと会う予定が入っていて、その準備で忙しかったんですね。上司は他の人と話をしていたはずなんですけど、どういうワケか、私が無視したと急に怒りだして。

確かに、私は準備で忙しくしていたけれど、無視するだなんて、そんな……。

こちらとしては、「どうして？」っていう感じで納得がいかない。

そこで私は、「私は愛と光と忍耐です」と唱えだしました。この言葉を言うと、すぐ心が落ち着くんです。

だけど、しばらくすると、また「どうして？」と納得いかない気持ちになるので、また唱える。

家に帰ってからも、ずっと唱えていたら、ふっと思いつきました。

あの上司は、元々そういう人だったんだ、って。

私に対してだけ理不尽なことを言うのではなく、誰にでもそうなんです。あの人は元々、自分の感情をコントロールできない人なんだ——と思ったら、相手がなんだか気の毒に思えて。

おかげさまで、その日の夜は、一人さんと仲間の愛弟子さんたちとバス旅行に行って温泉に入る、という楽しい夢を見られました（笑）。

●お客さんからもらった感動の言葉「あなたがいるから、またくるよ」

神奈川県横浜市・川田恵子さん

私が働いている社員食堂では、コーヒーやお菓子などの販売もしているのですが、今年五月頃から、同じ建物の一階にコンビニができる、というウワサがありまして。

上の者から「勤務時間を六時間から四時間に減らしたい」と言われました。

そうなると、お給料も減っちゃって、稼ぎにならない。

もう、気分が重くて重くて。

五月、六月は、夜も眠れませんでした。

そして、七月のはじめ、また突然、上の者に呼ばれて、「いろいろ検討した結果、とりあえず、今の時間でやってみようよ」と言われたんです。

少しほっとしたものの、コンビニの開店準備が着々と進んでいるのを見ると、

「コンビニがオープンしたら、社員食堂のお客さん減っちゃうし、勤務時間もやっぱり減っちゃうのかな」

と思って、気持ちはずーっと重かったんですが、三、四日前に、また一

人さんファンの集まるお店に行ったら、「私は愛と光と忍耐です」を一日一〇〇回以上言う、というテーマをもらいまして、やったんです。

そしたら、八月一日からコンビニがオープンしたのですが、毎日あの言葉を一生懸命言っていると、気持ちが軽くて明るいんです。

どうしてなのかはわからないのですが、なんか気持ちが、ふわっとしてる。

そういう気持ちで接客をしていたら、お客さんに「下にコンビニできちゃったね」と言われました。

「はい、けど、がんばりますので、こちらにもきてください」

私が笑ってそう言うと、

「うん、こっちには、あなたがいるから、またくるよ」

お客さんがそう言ってくれて。

「ありがとうございまーす」

なんて言いながら、私の心は、すごく感謝の気持ちでいっぱいでした。

これがもしかしたら、この「私は愛と光と忍耐です」の変化なのかな、と感じています。

あと、もう一つ、「この頃、顔つきが変わったよね」「すごく穏やかになったよね」って言われるようになりました。

私、眉間に縦ジワが入ってて、ずっと前から、姉や妹からそのシワをなでられたりしていたので、うれしいです（笑）。

気持ちにゆとりができると、顔にも出るんですね。

一人さんから

旧約聖書に「海割れの奇跡」という話があって。モーゼという人がユダヤの民を連れて逃げてたら、海が割れたとかって話なんだけど。

オレたちの前では、海は割れないよ（笑）。

その人、その人に合った奇跡が起きるんだけど。

何かが起きる、と言っても、「私は愛と光と忍耐です」と言っていると、不安なとき、不安じゃないような気持ちになれたりね。

それから、人間って、心で思ってることが、顔に出るんだよね。

だから、不安なときって、不安そうな顔、してるんだよ。

そうすると、お客さんにも心配かけたりとか、「あそこ、暗いね」とか言われたりするんだけど。

実は、暗いって、誰も好きじゃないんだよ。暗い人も暗い人が嫌いなんだ（笑）。

ところが、それがね、自然と心がちょっと前向きになったりすると、あなたは「心が明るくなった」と思ってるけど、顔も明るくなってんだよね。

そうすると、先程の話で、「あなた、コンビニより、あなたがいるから、ここにくるよ」って、お客さんに言われた、と。

それ、すごい奇跡なんだよね。

どうしたら奇跡が起きるんですか？――って、自分の心に変化が起きると、自分の顔が変わり、言うことも変わり、波動も変わる。

そうすると、周りの人の、あなたを見る目が変わる。

そうやって、あなたの人生が変わってきて、奇跡って起きてくるから。

だから、「みんなにはすごいことが起きても、私のはちっちゃくて」と言うけど、それ、そのちっちゃい変化がすごいことなんだよね。

だって、「あなたがいるから、ここにくる」なんて言われたら、サイコーじゃん。

それに、モーゼの前で海が割れた、みたいな奇跡が起きたって、困っちゃうもんなぁ（笑）。

だから、やっぱり自分の生活にね、必要なことが起きてくれるのね。

それでさ、人って、たいがい、不安をいっぱい抱えてるじゃない？

今まで六時間働いてたのが、「四時間でいいよ」って言われたら、生活設計だって狂っちゃうしさ。

そういうことって、山ほどあるんだよね、人生のなかに。

そのときに自分の気持ちを落とさずにいると、ちっちゃい奇跡が起きるんだよね。

この、ちっちゃい奇跡が、おっきいんだよ、その人にとってな。

だって、日常、そんなすごいことをやって生きてるんじゃないんだもん、オレたちって。

そうだろ？

自分が食べてさ、周りの人とウマくつきあって、っていうこと。

そのなかで起きる奇跡を楽しみだすと、奇跡って、「あら、また起きた」「また起きた」――連続して起きるようになってくるの。

それって、なんで起きたんですか？

考えが違ったから、顔が違う、波動が違う、言うことが違う。

そしたら、世間の見る目が違ってくる。

だから、会社も、ヘンな話、従業員のなかで誰か一人、残したいんだったら、「おまえ、残ってよ」「あなた、残ってよ」ってことになるんだよな。

だから、前にあった、タダシさんにだけホテル側が怒らなくなった、っていう話だって、タダシさんが変わったんだよ。

何か波動が変わったときに、相手が変わっちゃうんだよね。

こういう奇跡って、最初は、ちっちゃい奇跡から始まるの。

だから、ちっちゃい奇跡って、「私はこんなちっちゃくって」って言うけど、大事にしてほしいのね。

●仕事が上手な後輩に素直に学んで、お客さんにほめられました

東京都江東区・龍馬さん

「私は愛と光と忍耐です」を言わせていただいて約一カ月ほどになります。

私は高齢者介護の仕事をしているのですが、最近、夜の九時から三十分だけ、おむつをつける仕事をやっているんですね。

この仕事は、私と、もう一人、若い男の子とやっているんですけれど。男の子のほうは、経験が浅くて、まだ一年ぐらいしかやっていない。でも、その彼がおむつをつけると、尿モレが出ないんです。

一方の私は、もう十年ぐらい、介護をやっていて慣れているんだけど、尿モレが出るんですよ。

これはマズいなと思って、その男の子が現場に入る日は、私も一緒に入って、「ちょっと、見せて」ってお願いしました。

向こうは、やっぱり私が経験者だということを知ってるから、「いや、僕はそんなにたいしたことやってないです」と言う。

でも、私は「いや、でも、モレないほうが正しいんだよ」と言って、彼に教わって。

そうしたら、いくつか気づきがあった。改善すべき点がいくつかあって。

私の場合、仕事に対する慣れが、尿モレにつながっていたんです。お客さんのほうも、現役のときは何かの役職についてて、私に指で指図して、「終わったら早く帰って」という感じなもんだから、とっと、とっと、私、やっちゃうんです。そこにも、たぶん、モレる原因があったと思いました。

それで、例の彼がやっているところを見て、私は基本に返ってやろうと思って、やりだしました。

その後、そのお客さんに「どうですか?」と聞いたら、「とにかく、そのドア、閉めなさい」って言うんですよ。

何だろう、と思うじゃないですか。

「昨日はモレなかったよ」

そう言っていただいて、ほっとして、思わず「ありがとうございました」。

やっぱり、介護技術も慣れると、かなり要領だけでやってしまうんですね。

でも、これでまた一つ勉強できたな、と思って。

以前の私だったら、ちょっとプライドがあって、素直に、若い子のやり方を見たりとか、しない。

そこで素直になれたのは、やっぱり「愛と光と忍耐です」という言葉のおかげだと思っています。

●職場で起きた問題を笑いながら解決

千葉県市川市・信ちゃん

「私は愛と光と忍耐です」を言いはじめたのは七月十一日からですから、約一カ月ぐらいたちますか。

私、長くサラリーマンをやっておりますが、どこの組織も同じだと思いますけれど、私の職場にも、なんていうか、まぁその、しょっちゅう困ったことをしでかす人がいるワケです。

「私は愛と光と忍耐です」を唱えはじめる直前、社長決裁の書類が私のところへ回ってきました。

この書類を作成したのが、その困ったことをしでかす人でして。

書類をこのまま社内に回すと大騒ぎになるな、と思うような処理をしてあったんです。

そこで私は、誰もいないところで、その人に「これ、ちょっとマズいんじゃないの？」と言いました。

書類を見せながら、「ここと、ここと、ここの処理、違いますよ」とか、指摘したんですけど。

その書類がですね、Ａ４の紙が束になった書類で、輪ゴムで綴《と》じてあって、それを広げながら説明をしてたら、たまたまゴムが、ぷちん！

その人の顔に当たったんです（笑）。それはもう、すごい怒りかたでしたがね。

ところが、「私は愛と光と忍耐です」を言いだしてから、その人が最近どういうワケか知りませんが、

「あなた、申し訳ないけど、これ……」

笑顔で、私に相談するようになったんです。

やっぱり、自分が変われば、人は変わるんだなと実感しました。

それと、根拠のない自信みたいなものが、ついてきました。課題をいっぱい抱えていますが、「やれるんじゃない？」という気がしています。

●社長と意見が折り合わず会社を辞めて、学んだこと

東京都世田谷区・みきちゃん

私は今年七月六日に会社を辞めました。その日はふつうに会社に行ったのですが、社長と意見が折り合わず、そのまま帰ってきてしまって。

その後、九日に「愛と光と忍耐」ということを教えていただいて、その日のうちに言いはじめました。

それからの一カ月間、いろいろなことがあって、「愛と光と忍耐」を学ぶための一カ月だったように思うのですが。

辞めた会社の社長と、その後、どうなったかということについて報告しようと思うんです。

会社を辞めたその日、社長から「書類をとりにこい」とか「あれを持ってこい」とか「必ず会社にこい」みたいなことを言われました。

その後、会社に行く日について社長とメールでやりとりしていて、社長からメールがくるたびに私は「あぁ、嫌だな」という気持ちになっていたんです。

ところが、「私は愛と光と忍耐です」を言いはじめてから、「これは悪いメールじゃないんだ」って。

「この人に悪気はない。単にそうして欲しいという気持ちで、言っているんだ」ととらえるようになって、以来、必ずメールの文章の最初に「感謝してます」とひと言書き添えるようになりました。

そして、「この書類がこうなってるんですけれど、ご相談なんですが、この日には御社に行けますが、この日以降は郵送していただけないでしょうか」というような返信をして。

そうしたら、どんどん、向こうのメールの内容が変わってきて。

最後のほうになりますと、「こちらのほうが書類を作るのに時間がかかってしまって申し訳ないので、こちらから送ります」と。

「返送用の、宅配便の送り状（着払い）を入れておきますから、そちらで送り返してもらえないか」というような返信に変わってきて。

そして、昨日の夜のことなんですけれど。

私のほうから「返送しました」というメールを送りましたら、「お互い、それぞれの場所でがんばっていこうな」というメールがきまして。

メールのやりとりをしていくなかで、社長の気持ちが変わっていくのを見て、「社長は、決して悪い人ではなかったな」って。

それを私が悪いふうにとっていたな、と。

そういうことがわかるようになって、ちょっと成長したかな？

一人さんから

これからは、魅力の世界がくるんだけどさ。魅力ってのは、魅力的なことを言ってるかどうかなんだよな。

だからって、いちいち「魅力とは……」って考える必要はなくて。

だって、目の前に起きることに対して、「愛と光」で答えを出すとしたらって考えたら、もう、その時点ですでに人は魅力的なんだよね。

「私は愛と光と忍耐です」と言ってるうちに、自然とそういうことがやれるようになるんだよな。

「愛と光」で答えを出そうとすることがホントの魅力で、それは普遍の定理なんだけど。

ただ、同じ問題に対して、オレの「愛と光」と、みんなの「愛と光」とは、表現が違うんだよな。

表現は違っても、「愛と光」なら、どれもステキな意見で、等しく〝いいこと〟が起きる。だって、「愛と光」で生きてたら、人に好かれるからな。

だけど、「愛と光」で生きるってのは、たとえば、いつも人の悪口を言ってるヤツがいるとすると、こういう人でも私がつきあってやる、じゃないの。

「おまえ、いつまでも人の悪口言ってると、地獄に落ちるから、止めな」と言う。これも「愛と光」なんだよ。

逆を言うと、人が自分の悪口を言ってることに、ずっと耐えてるのは必ずしも「愛と光」じゃない。

それから、ホントに相手のことを思ったら、「おまえ、いつまで、弱い者いじめをやってる気だ」って。

オレにやるってことは、ヨソの人にもやってんだよ。

「それ、止めな」って言うほうが、「愛と光」なんだよ。

だから、「愛と光」で生きるって、何でもガマンしようとかっていうことではないんだ。

おかしなことをやってるヤツがいたら、「おまえ、おかしなこと止めろ」って。

そういうことをやってると、段々、段々、胸のスカッとさが違ってきて（笑）。

いや、それって大きいんだよ。

だから、「愛と光」も、必ず進歩するんだよ。

で、段々、スカッとするほうが正しいんだよ。

わかるかい？

愛と光と忍耐です――って、相手が嫌なことをやってきたときに「笑顔でいるんだ」じゃないの。

「おまえ、止めろ」って。

「この前から見てると、ずっとやってるよな。そういうこと止めな」って。

「オレも気分悪いけど、やってるおまえは地獄へ落ちるぞ」って。

そうすると、そいつはいなくなるか、変わるか、どっちかなんだよ。

いずれにしろ、誰かが言ったほうがいいんだよ。

「愛と光」で生きるって、叱ってやんなきゃいけないこともあんの。

だけど、愛で叱られた人は、うらまないよ。

不良の中学生でも、先生が愛の気持ちで、「おまえ、ホントに今タバコ吸ってると、高校、受からないからやめろ」とかって言うと、タバコは止めないかもわかんないけど、その先生の前では吸わなくなるんだよ。

「おまえなんかいると、授業のジャマだ」と思って言ってるのと、本気でその人を思って言ってるのと違うんだよ。

人ってのはね、本能で感じるんだよ。

「この人、オレのことバカにしてるな」とか「ジャマにしてるな」とか、
それから、「愛で言ってくれてるんだな」ってわかるんだよ。

ごめんなさい、熱く語ってしまいました（笑）。

●職場で、まさかの、神さまのお試し。笑顔で対応できるようになりました

東京都墨田区・ともちん

私は元々、仕事が大好きで、楽しんでやる人だったんですね。

仕事は楽しいし、職場の人間関係もいいし、ずっとハッピー・ウェイを歩いていたのですが、去年から、神さまのお試しがきたみたいで。

とくに今年に入ってからは、会社の組織変更があったり、仕事内容が変わったりして。

以前はお客さんといっぱい話をしたり、社内の人、社外の人問わず、人

と接して会話することが多い仕事だったのが、今は注文書の入力を一人で黙々と、ずーっとやってるんですね。

あまりにも性《しょう》に合わない仕事をやってるせいもあって、うーん、ちょっと、気持ち的に曇《くも》ってしまって。

それと、私は派遣なのですが、派遣先の上司が指示を出すタイプではなくて、ちょっとモジモジした方で、見ていると、「今こういう状態だからこうしたほうがいいんじゃないですか」とか、ついつい、言いたくなっちゃう（笑）。

先取りして「こうしたほうがいいんじゃないですか」とか、どんどん言ってしまうんですが、本当は私は言いたくなくて、指示してもらいたい。

そういうなか、一人さんから教わった「私は愛と光と忍耐です」という言葉。

あれを一日一〇〇回言うことの他に、会社の机に「私は愛と光と忍耐です」と書いたものを、キーボードとパソコンの間に置いて、常に目に触れるようにしたんですね。

あと、何年も前からデスクの上に鏡を置いて、時々、自分の顔をチェックして、笑顔で仕事ができてるかどうかを見るんです。

今年に入ってからずっと「笑顔じゃないな」と思っていたのですが、「愛と光と忍耐」の紙を見ると我に返って、ちゃんと笑顔が出るようになってきました。

それから、職場で少しイラッとしたときでも、後で紙を見て、気持ちを立て直します。

そうすると上司の前でもニコッとできるので、あちらもニコッとして、以前と比べてコミュニケーションがウマく図れるようになってきました。

また、どんな仕事でも修行だから、注文書の入力は孤独な作業だけど一生懸命がんばろうと思って、今、できるようになってきたところです。

一人さんから

仕事ってのは、派遣もクソもないんだよ。

できる人がやるんだ。

それで、派遣の人だから、仕事ができないワケじゃないんです。

だから、できる人は、それを、教えてあげると。

ただし、教えるときに気をつけなきゃいけないのは、言い方ね。

相手をバカにしたような言い方をすると、向こうは頭にくるんで。

だけど、愛でやってあげているんだとしたら、「いい人がきて、助かってるんだよ」ってなるから。

それで、人間ってね、行動じゃないの。

思ってることがね、人ってね、なぜかわかるんだね。

「これ、オレのためにやってくれてるんだな」

って、相手の人がわかれば、もめごとって起きない。うん。

あなた、愛があるから、やったほうがいいと思うよ。

●なぜか、とっさに出た「今まで働かせてくれて、ありがとうございます」

神奈川県・丸ちゃん

一人さんから教わった「私は愛と光と忍耐です」を一日一〇〇回言いだした、その日。不思議なんですが、心が軽くなりました。

たとえて言うならば、自分の心のなかに、泥水の入ったコップがあって、その水のヨゴレが取れた感じ。

それから三週間ぐらいたった今、どんな状態かと言いますと、底にまだ、ちょっとヨゴレが残っているような、そんな感覚なんですけど、日々、それが変化するんですね。

自分がヘンな、悪い言葉をつかったりすると、黒くなっていったり、濁《にご》ったりすることもあるので、これを言い続けることは大事なんだなと思っています。

それと、実は僕、派遣で、とある工場で働いていたのですが、つい先日、派遣会社の人間に呼ばれまして。生産量が思いっきり減っちゃったから、来月末で、派遣の人間のなかに解雇される人間がいる、と。そのなかに僕も含まれていまして。

ふつうだったら、そこで怒っちゃうんです。以前の僕もそうでした、やっぱり。

ところが、「今まで働かせてくれて、ありがとうございます」という言葉がとっさに出たんです。

なんでか知らないんですけど、出た。

「僕、四カ月間だったけど、ここで働けてありがたかったですよ」と。なぜかわかりませんが、落ち着いてそれ、言えたんです。

言ったと同時に、「なんとかなるかなー」って楽天的に、いい意味で楽天的になってる自分がいたんですね、そのとき。

その日から、今まで何かありましたか？　と聞かれたら、特別なことはなにも。派遣会社の方とも、いつも通り、「いや、どうも」って笑顔であいさつしてるし。

自分のなかでも、何かが劇的に変わった、というワケではないんです。ただ、前向きになったんだろうと思います。

それと、前に言った通り、まだ水の濁りが残っているので、それをどうやって消していこうか、それが毎日の課題です。

これからも、言い続けて行こうと思っています。

一人さんから

バチカンって何も売ってないんだよ。キリストって死んでから二千年たつ。それでも、世界中から人がくるんだよ。

それって、なんでですか？——って言ったとき、キリストの言ったことがステキだったんだよ。

だから、人間、ステキに生きたほうがいいんだよ。
それで、誰だって、ステキに生きられるんだよ。
ステキとは、言ってることに「愛と光」があればいいの。
わかるかい？
リストラされてな、辞めるということが決まったら、辞めるしかないんだよ。
だけど、そのときに、仲間の悪口も言えるんだよ。社長の悪口も言える。
でも、「お世話になりました」も言えるんだよな。
「みんな、仲良くしてくれてありがとね」とか。
「近所にきたら、遊びにくるからね」とか。
ところで、自分の言ってること、ステキですか？　って。
うらみごとを言うほうが、いいんですか？　って。
人があなたのためを思って、一冊の本を紹介してくれた、そのとき、

「オレ、本、読まない人なんだ」って言うのと、「オレ、本、読まないけど、社長が言ってくれるんだから、オレ、読むよ」って。

どっちのほうがステキですか？

何かあったときに、あなたの言ってること、ステキですか？　って。

いつも本出しても読まない人が、「悪かったよ」って、「オレに、本読めって言ってくれるの、あなただけだから、読んでみるよ」って言ったとき、「こいつ、違うぞ」と思うもんな。

わかるかい？

人間って、もっともっと、ステキになれるんだよ。

ステキになれば、人生、変わるんだよ。

●自分が分霊《わけみたま》だ、ということを実感しました

福岡県福岡市博多区・カラサワジロウさん

実は、職場で、三カ月前から、同僚とすごく仲が悪くなってしまって。どうしてもぶつかってしまう。いろいろやってみるのですが、どうしても解決できないでいました。

そしたら、七月のはじめ頃、突然、仲たがいしてる、その相手が昇進する、しかも私の上司になるという話が出てきたんです。

「こんなこと、ホントにあるのかな」という思いが私のなかにあって。どんどんマイナスの思いが強くなってきて、どうにかしたいと思って、一人さんファンの集まるお店に行ったら、一人さんがいて、質問をしたんです。

そのときに話してくれたのが、私たちは「神さまの分霊《わけみたま》だよ」ということ。

もう一つは、目の前に起きた問題に、「愛と光」で対応するとしたら、どういうふうにすればいいか、それを考えるといいよ、ということを教わったんです。

それで、一週間ぐらい「がんばろう」と思って、前向きなプラスの言葉を言い、顔は笑顔。だけど、心のなかはグジャグジャで。

相手に対する怒りと、「あいつが上司になったら、自分はどうなるんだろう」という恐れで、心のなかがグジャグジャだったんです。

昼間は意志の力でどうにかできるのですが、夜になるとなかなかウマく行かず、眠れなくなったり、寝たと思ったらうなされて目が覚める。

「もう限界だな」

と思って、また、一人さんファンのお店に行ったら、そこで、総塾長のあみさんから、「私は愛と光と忍耐です」という言葉を一日一〇〇回言うことを教わって、その日のうちにやりはじめました。

夜、どうせ眠れないと思ったので、ドライブしながらずーっと四時間ぐらい、この言葉を言い続けたんですけれど。

そしたら、なんか、いろいろなインスピレーションというか、いろいろな言葉が出てくるようになって。

そのときに出た言葉は、たとえば、「自分は本当は愛と光なのに、こんなことを恐れてるのはおかしい」とか。

そういうインスピレーションが出てきたときに楽になって、どっかで、不安な気持ちがパッとなくなった。

「あいつが上司になっても大丈夫だな」

と思えた。で、そう思った瞬間に、自分の心のなかの問題が解決したんですね。

そのとき、一人さんが「自分は神さまの分霊だってことを体験するよ」とおっしゃっていた通り、分霊なのに恐れているのはおかしいと、一瞬だけですが、体験することができました。

そうやって夜中すぎまで、三時間か四時間ほどドライブして、帰宅して、翌日、会社に行ったら、私の上司になると言われていたその人が他の部署に行く、と。

私の上司にはならないと。

自分の心のなかが変わったときに、こんなにも早く、起きる現象も変わるんだな、ということがわかって、ホントによかったです。

●お客さんの入れ歯紛失事件発生！その日のうちに、笑って解決

東京都港区・岩本好史さん

「私は愛と光と忍耐です」を言うようになって、いつも安心の状態です。以前の僕はいろいろ物事を考えすぎるクセがあったのですが、あの言葉を言うことによって、考えすぎることがなくなり、すごく楽な気持ちになりました。

それによって状況もどんどん変わってくる、というのを楽しんでいます。

たとえば、昨日も、ちょっと、神さまのお試し、みたいなことがありました。

僕、ある施設で働いているのですが、朝、行ったら、おばあちゃんの入

れ歯がなくなっちゃって。ずっと探してもなくって。

後になって、ご家族の方からクレームのお電話をいただいて、上司が謝りに行ったりして、申し訳なかったんですけれど。

でも、そのとき僕は、

「神さまのお試しだ。チャンスをいただいた」

そう思って、「私は愛と光と忍耐です」と言いながら、外にあるゴミ集積場へ行ってゴミ袋のなかを探しました。

そしたら、職員の人が「僕も手伝いますよ」って。

それから、上司にも連絡したのですが、「じゃあ、明日も、一緒に謝りに行こう」と、やさしく言ってくださって。

つくづく、ありがたいなと思いました。

それで、肝心の入れ歯の行方なんですけれど。

一日中探してもなかったのに、外のゴミ袋のなかに入ってたんですよ。

「よかったー」と思って。

入れ歯を探していたときも、結果がどうであれ、「愛と光」で忍耐強く対処していくんだ、みたいな覚悟ができていたから、どうなってもオッケー、みたいな。

ないならないで「愛と光」で対処すればいいんだし、あってもいいし、みたいな感じで探していました。

結果は、見つかってよかったなと思ってるんですけど。

今回のことをふりかえって思うのは、入れ歯がなくなったことも、すごく自分の勉強になったし、みんなのやさしさにも気づけたから、「あ、入れ歯なくなってよかったな」みたいな(笑)。

だから、おばあちゃん、ティッシュにくるんでゴミ箱に捨ててくれてありがとう、という気持ちです。

●リハビリ入院中の私にナースが言った「どうして、そんなに毎日楽しそうなの？」

黒田泰司さん

ついこの前まで、私はリハビリで三週間入院していて、その間、「私は愛と光と忍耐です」という言葉を唱えていました。

実は、私、十年前に脳出血で倒れて、左半身まひが残りました。そのときに、一人さんの言葉のおかげさまで、人生の転機というか、否定的なことを言っていた自分が一気に変わったんですね。

私は入院したときに、意識がなくて。気がついたら、周りが、がん患者の方ばっかり。

がん患者の方たちは、前の日まで楽しく話してたのに、抗がん剤の作用でまったく話せなくなっちゃったり。そういう人を見てるうちに、

「あ、オレは半身が動かないけれども、そのうち歩けるようになるよ、って言われたし。言葉もしゃべれる。一人さんが『ついてる』と言っているのは、このことなんだ」

と思ったんです。

その瞬間に、「あれもできない」「これもできない」という考えから、急に「あぁ、あれもできるじゃん」「これもできるじゃん」に変わったんです。

それからの十年間は、ホントにしあわせで。

今回のリハビリ入院で、そんなことを考えてたら、とってもうれしい涙が出てきて。笑いながら、涙を流して病棟のなかを歩いてたんです。

すると、担当の看護師さんがきて。

私の担当でついてくれている看護師さんが、二人いるんです。

すごくかわいい看護師さんと、ふつうの看護師さん（笑）。

ふつうのほうの看護師さんがきて（笑）。

「毎日、なんでそう楽しそうなの?」って言うんですね。

で、もしかしたら、「あれ? もしかしたら、あそこにあるレスベラトロールのせいじゃないの?」って言うんですよ。

私、入院するときに、入院中に飲もうと思って、一人さんサプリを二瓶、病室のテレビ台のところに置いていたんですけど。

入院生活が終わりまして、退院する日に、ふつうのほうの看護師さんが、

「これ、あずかってるよ」

と、紙を渡されました。

ピンクの紙で、二つ折になってて。かわいい看護師さんからの手紙で、「黒田さんへ」って、ハートマークが書いてあって。

隅《すみ》のほうに行って、ひらいて見たら、

「退院おめでとうございます。今度、一人さんサプリ二つ、お願いします」

って。そんなことがあって（笑）。

人生って、波があると思うんです。

「私は愛と光と忍耐です」の「忍耐」という言葉が最後にわかったのは、神さまが、愛と光で人間を創ってくれたのだけど、その忍耐とは、波がきたときに、どうかわすかということ。

グチとか、泣き言とか、言わないで、おごり高ぶらないで、ウマく耐えなよ、っていうのを教えてくれてる、と。

脳出血発症後十年目にきて、最近ちょっと自分は調子に乗ってないか、ふりかえる、いいきっかけになったと思います。

ありがとうございます。

●格闘技の試合直前、スタッフに感謝の気持ちを伝えられました

栃木県・板橋真明さん

僕は格闘技をやってるのですが。

前回、七月二十二日に試合がありまして、その三日前に一人さんから、「私は愛と光と忍耐です」を一日一〇〇回言うようにと言われ、唱えていました。

もちろん七月二十二日も、試合の前からそれを言っていました。

試合の直前は控室で、緊張感があるなかで、ドキドキしながらやってるのですが。

いつもだと、自分自身のことで、もう、いっぱい、いっぱいになってしまう。緊張とか、そういうもので。

応援とかで、控室に一〇人ぐらい、集まってサポートしてくれるんですが。

試合の前に、いつもだと、自分自身がいっぱいいっぱいで、そのまま、「行くぞー！」

と言って、試合に臨むのですが、前回は、試合直前に、スタッフの人たち一人ひとりに、「ありがとうね」「今日はありがとう」「ありがとう」って。

一人ずつ声をかけてから、試合に臨めるようになりました。

それも一つ、自分自身が成長できたのがはっきりとわかったので、それがよかったです。

それと、おかげさまで試合に勝つことができました。ありがとうございます。

一人さんから

みんな、「私は愛と光と忍耐です」と言ってたら、今までと違う対応ができてるんだけど、それがね、ホントの自分なんだよね。

これからももっと、どんどん、ホントの自分が出てくる。

そうするとどうなりますか？　っていうと。

オレたち人間のなかにある、神さまの分霊《わけみたま》って、本来は光ってるんだけど、たいがいの人は〝我《が》〟で覆われてるの。

それが外れて、ホントの自分が出てくると、段々、光が大きくなってきて、光が体を突き抜ける。

そうすると、光輪という形になってくるんだけど。

キリストとか、聖人を描いた絵を見ると、頭のほうに光輪というのが出てるんだけど、見たことないかな。仏教でも、お釈迦さまの絵を見てると、体から光が出てるんだけど。

ああいうような状態になってくると、自分の体を包んでる光はバリアになってくるの。

それで、「ホントの自分って何だろう」っていうけど、ホントの自分って、ちょっと人にやさしかったりな。その程度なんだよ。

だから、板橋くんが、これから戦いに行くのに、「みんな、ありがとう」って、気つかったりな。

ホントのキミは元々、そういう子だったんだよな。

だから、「愛と光と」って言ってたら、今までと違う行動ができちゃうんだよ。これから殴り合いに行こう、ってときに、人に気つかったりさ（笑）。

だけど、ホントの自分で生きると、しあわせだよな。

それと、ホントの自分で生きないと、自殺してるのと同じだよな。

だって、生きてたって、自分の人生、生きてないもん。

だから、みんなで、まず自分を発見して、自分の人生、生きるようにしないといけないいね。

なんか、今日一日、こういう、まじめな話、ずーっとしてたら、なんか、オレ、みんなに申し訳なくなってきて（笑）。

オレって、みんなが想像してるほど、全然立派じゃないからね（笑）。

でも、これって基礎だから覚えちゃって。

あとは、楽しく生きましょう。

第2部

一人さんが語る、成功法則の神髄

～本当の因果の話と、カルマの消し方、教えます～

このお話は、
一人さんが自身の愛弟子さんたちに向けてお話しされたときの、
一人さんの言葉を
なるべく忠実に書き起こしたものです。
あなたに向かって、一人さんがお話ししていると想像しながら、
楽しんでお読みください。

「成功法則の神髄」の話をしよう

えーっとね、今から、しあわせになる話。

オレはこれがホントのね、成功法則だと思ってるのね。

ホントに、納税日本一になった人が語る、成功法則の神髄だと思ってるから。


ただ、途中、オレが、ほら、神さまが好きだから、「神さま」とかっていう言葉を使うけど。

まったく、宗教とか、そういうこととは関係ないからね。

そのことを頭に入れて、聞いてください。

それで、最初、成功法則じゃないように聞こえるけど、成功法則なの。
ホントに楽しい成功法則だからね。
段々、楽しくなるからね。聞いててね。

「前世も、あるんだよ」ってことで話するからね。信じられない人は、おとぎ話を聞いてるつもりで

あのね、人間ってね、何度も、何度も生まれ変わるんだよ。
これを言うと、信じられる人がだいたい半分いるのかな？　まぁ、半分いるかいないか、だと思うんだよね。


オレたちは、前世もある、今世もあるし、来世もあるんだよ。

これを信じられる人はだいたい半分なんだよね。

キリスト教圏ってのは、輪廻《りんね》というのは全然認めてないから、これは一〇〇%に近いぐらい信じる人がいなかったの。

で、日本は仏教で、輪廻の話はずーっとしててんだよね。「何回も生まれ変わりがあるよ」って話をしてんだけど。

信じられる人は、まぁ、だいたい半分かね。


それでね。最近、アメリカやなんかでも、「退行催眠」といって、催眠術をかけて、「十歳のときの経験は?」とか、「五歳のときは?」とかって、過去に遡《さかのぼ》っていくと、前世のことを話しだす人がいっぱいでてきたんだよ。

さらにそれを、追っかけ調査すると、ホントにそういう人が生きてた、ってことがわかってきちゃったから、アメリカみたいな、キリスト教の国でも、段々、段々、考え方が変わってきちゃったの。

いや、アメリカってね、科学的に調べるところなの。

立証して、立証するんだよね。

生まれ変わりを立証する国が、段々、増えてきて、「これ、前世はあるぞ」って話になってきちゃったんだよね。

だからって、全員に「信じろ」とかって話じゃないんだよ。

それで、オレは「前世も、あるんだよ」ってことで話するからね。

信じられない人は、おとぎ話を聞いてるようなつもりでいて。

やり残したことがあるから、何度も生まれ変わるんだ

最近、ちっちゃい子やなんかで、前世を覚えてる子が生まれてきたりするんだよね。

「僕はどこどこの村の生まれで、何歳で死にました」とかって。

実際に、そこに行くと、その村があって、そういう子がいて、「何歳で死んだ」とかって。

で、生まれ変わった子が、そこに行くと、「ここは誰々のおじちゃんのウチだ」とかって言うんだよね。

ホントにそうだったりするんだよね。

それで、そんなことが、段々、段々、わかってきたときに。

じゃ、人はなんで、何度も生まれるんだ？——ってことになるんだよね。

それはね、人は、やり残したことがあるから生まれるんだ。

何度も、何度も、生まれるのは、やり残したことがあるんだ。

じゃ、そのやり残したことは何ですか？——って言ったとき、魂の成長なの。

魂の成長のために、生まれ変わるんだよ。

簡単に言うと、人間の魂、霊魂っていうのは、死なないんだよ。

だって、最近、ウチがほら、浄霊やなんかするとさ、後ろに霊が出てきたり、しゃべったりするんだよ（浄霊はボランティアでやっておりましたが、本業が忙しくて今はやっておりません）。

霊がいる、ということは、人は死なないんだよ。

わかるかい？

死んで終わりだったら、浮遊霊は出てこないんだよ。


この前、生まれ変わりは信じないけど、幽霊は信じる、って言う人がいたんだけど、それってムチャなんだよ（笑）。

幽霊がいる、ということ自体、霊魂不滅の話、してるんだよね（笑）。

ただ、あの世に行かない霊がいる、という話で。

わかるかな。

人間の魂は、因果を通して成長するようになってるんだよ

それで、これから、成功法則の話になる。

人間というのは、魂がどんどん、どんどん成長してくるんだけど。

その成長は、どうやってするかっていうと、因果を通して成長するようになってんだよ。


で、因果って何ですか？　って。

ま、「カルマ」っていうんだけど。

このカルマっていうのは、悪いことをすると悪いことが起きるということ。

〝いいこと〟をすると、〝いいこと〟が起きる――それは、「ダルマ」というんだよ。

悪いことをして、悪いことが起きるのが、カルマ。

〝いいこと〟をして〝いいこと〟が起きるのが、ダルマっていうんだよね。

オッケーかい。

それで、この因果を怖いものだ、って思ってる人がいるけど。

因果って、怖くもなんともないんだよ。

怖いものとして、金儲けに利用したヤツがいるんだよ。因果を商売にしてるヤツがいるんだよ。

だけど、実際は、ちっとも怖い話ではないんだよ。

いいかい。

因果っていうのは、たとえば、私が恵美子さんの足を踏むよな。それで、踏んでるオレは痛くないんだよ。でも、踏まれた恵美子さんは痛いよな。

だけど。オレがまた踏まれれば、痛いのはわかるよな。

わかるかい？

人間って、やったり、やられたりして、人の痛みがわかるようになるんだよな。


オッケー？


じゃ、因果は罰ですか？——っていうと、罰ではないんだよ。

オレが、恵美子さんの足を三時間踏むとするんだよ。

それと同じように、オレが三時間、踏まれるんなら、罰なんだよ。

オッケーかい？

だけど、魂の成長のために出てきてることだから、「オレも前世で人の足、踏んだんだな」ってことがわかれば、それで終わりなんだ。

わかるかい？

だから、人に足を踏まれたら、人の痛みがわかるようになった。

「やられたら、よくわかったよ」って。

「こんなことは、二度とするの、止めよう」って。

「人の嫌がることは止めよう」と言ったら。

これを因果の成就《じょうじゅ》というんだよ。もう、その因果は、成就しちゃうと消えちゃうんだよ。

だから、簡単なこと言うと、「あの人、ああなのよ」って人の悪口言うと、

自分が言ってるときはいいんだよ。

だけど、逆に自分が言われると、相当ショックなんだよ。

わかるかい？

いじめも、いじめてるヤツは大してショックを受けてないんだ。いじめてるヤツは楽しいからやってるんだよ。

だけど、やられてるほうは、自殺するぐらい、命にかかわるぐらい、嫌なんだよ。

わかるかい？

そんなのって、生まれ変わってかわりばんこ、やられないとわからないんだよ。

わかるかい？

あなたの知らない、本当の因果論、教えます

だから、以前、忠夫ちゃんが会社でいじめにあってたとき、「その上司に『感謝してます』って言ってごらん」って。

それで忠夫ちゃんが「感謝してます」って言ったら、いじめがなくなったんだよね。それって因果が消えたんだよね。

なぜか、というと。魂っていうのは、実はグループになってるんだよ。

それで、かわりばんこにね、やったり、やられたり、するんだよ。


人生は田舎《いなか》芝居だと思ってて。

要するに旦那さんは前世で弟だったり、ね。奥さんは妹だったり、と

か。

出てるメンバー、同じなんだよ（笑）。でも、役が違う。それを「ソウル・メイト」というんだよ。

で、忠夫ちゃんは前世で、自分が上役だったとき、嫌な上役だったんだよ。

で、ここで、よく覚えてよ。

因果の法則というと、日本人はすぐ「先祖供養」といって。

よく、先祖が浮かばれてないから、あなたに嫌なことが起きます、とか。先祖が悪いことしたから、あなたに悪いことが起きます、とか。

それから、先祖がいいことをしたから、あなたにいいことあるんだね、って。

いい先祖もったね、って言うけど。

これは違うの。

簡単に言うと、先祖がいいことをしたら、その先祖が生まれ変わったとき、その先祖にいいことがあるの。

先祖が悪いことをしたから、あなたに出てるんじゃないの。先祖が生まれ変わったときに、その先祖に悪いことが出るの。

あなたに悪いことが出てるのは、あなたが前世でロクでもないことをやったの。

いつも言うけど、あなたが太ってるのは、あなたが食ったのな（笑）、わかった？

あなたがデブなのは、あなたが食いすぎたんであって（笑）。先祖が食い過ぎて、あなたが太ってるワケじゃないんだよ。

あなたがやせたのは、あなたが食事を節制するとか、運動するとか、ダイエットした、あなたの努力なんだよ。

あの、キリストがね、みんなの罪を背負って、十字架にかかった、っていうの。

で、ホントに、その気でやってくれたの。で、ありがたいんだよ。

そういう人だから、みんなで感謝したほうがいいよ。

ただ、問題は、人の罪は背負えないの。

誰かがあなたのかわりにオシッコに行くことはできないの。

できないんだよ。

因果っていうのは、あなたのやったものがあなたに出てくるんだよ。

オッケーかい？

で、あなたのやったことが出てくるんだから、必ず自分で刈り取らされるんだよ。

だから、今世、あなたがものすごく〝いいこと〟をすると、あなたの来世にあなた自身に、ものすごく〝いいこと〟が起きるんだよ。

だから、「あんないい人が、なぜ、あんな苦労してるのかしら」って言うけど、その人はロクでもないことをしたんだよ。

で、みんな、ロクでもないことをしてるんだよ。山ほどしてるんだよ。

だって、今だって未熟な人間が、一千年前なんか、もっと未熟に決まってるんだよ。

前世でロクでもないことしたのを、今世、自分で刈り取るんだよ。

ただし、そのなかから、自分が背負えるようなものしか選んでこないんだよ。

だから、今世は、これと、これと、これを解消してきます、って、神さまと相談しながら自分で決めてきたんだよ。

自分で決めてきたものだから、自分の力でゼッタイ超えられるんだよ。

オッケー？

嫌なことが起きたら、「因果を刈り取ったから収穫祭で一杯やろう」と思えばいいんだよ

で、因果を刈り取るとき。

たとえば、部長が怒鳴ってばかりいるとしたら、「オレも前世、上役だったときに、ずいぶん怒鳴ってたんだな」と思えば、

「怒鳴られても、今日だいぶ、因果を刈り取ったな」と。

だから、「因果を刈り取ったから収穫祭で一杯やろう」と思えばいいんだよ。

それなのに、「なんでオレはこんな目にあうんだ」って、せっかく刈り取ってるのに、そこにまた不平不満の種をまいちゃうんだよ。

すると、それをまた、来世、刈り取ることになるんだよ。

これを「因果が巡《めぐ》る」というんだ。

で、もっとひどいのになってくると、こういう人がいるんだよ。

人間っていうのは、悪いことばっかしてるワケじゃないから、〝いいこと〟もしてるんだよ。

そうすると、ダルマの法則で、〝いいこと〟が起きるんだ。

そしたら、「私も〝いいこと〟してたんだな」って、喜んで刈り取ればいいんだよ。

それを、「このしあわせはいつまで続くのかしら」って。いいことを刈り取りながら、不安の種をまくんだよ。

わかるかい？

すると、来世はもっと、ひどいことになるよ、って。

わかるかい？

「この人は因果なんだ」と思っちゃダメだよ

あのね、因果の法則でね。自分がすごい得意なことがあるとするじゃん。

たとえば、自分が字が得意だとすると、ウマく書けない人を見て、バカにしたり、うすら笑いを浮かべたり。

人を小馬鹿にしたうすら笑いって、ものすごくいけないんだよ。

そうすると、因果の法則で、自分にとって大切なものを失ってしまうことがあるんだよ。

わかるかい？

なぜ、そうなるかっていうと、相手の魂を傷つけるから。

因果の法則では、昔からそう言われてるんだよね。

「嘲笑《あざわら》ったぐらいで、そうですか？」って言うと、そうなんだよ。

でもね、もし、そういう人がいても、

「この人は、あんなことをしたから、こうなっているんだ」

と思っちゃダメだよ。

いいかい。

オレたちも同じようなこと、やってるの。

ただ、今の自分の魂の成長段階では、背負い切れないの。だから、後回しにしてもらってるの。

とても今、背負い切れないから、勘弁してもらってるの。

何回も輪廻する間に、いつかは刈り取らなきゃならないの。

だから、障害のある人生を選んでくる、というのは。

たとえば、ダウン症の子やなんかでも、天使みたいなの。ホントにかわいい性格なの。

で、最後のほうに、そういう、おっきい因果を刈り取りに生まれてくるんだよ。

で、また、そういう子が生まれる家ってのは、お母さんの魂、親も成長してる。だから、お母さんも、優しくて面倒見がいい、すばらしい魂なの。

なかには、そういう障害をもった子を三人も産んでる人がいるんだよ。

その人、そういう子を三人も育てる、耐えられるだけの愛をもってるんだよ。

わかるかい？

本当にね、すごい人たちなんだよ。魂が最終段階を迎えた人たちなんだよ。

だから、よくお母さんがね、

「この子を残して私が死んだら、どうしようとかって思って、道づれに、一緒に自殺を……」

とかって考えちゃう人もいるんだけど、それダメだよ、って。

そういう子はね、親に心配かけないの。ちゃーんと、親より先に天国に行くの。

魂の最終段階で、親に迷惑かけに生まれてきたんじゃないの。

だから親は心配しないで、ただ、かわいがればいいの。

ある青年の、体が震えるような魂のレッスン

この前、愛弟子の発表会のときにきてた男の子が、重度の障害者の面倒をみるところへ勤めてんのね。

すると、いくら自分が教えてもご飯が食べられない。

もう、基本的なことができないから、「自分はイライラしちゃうんだ」って。

「だから、自分はどうしたらいいんだろう」

って言うから、オレはこう言ったのね。

その人たちな、魂の最終段階だから、手づかみでご飯食べてようが、何

してようがいいんだよ、って。

何もその人たちがふつうになることはないんだよ、って。

ふつう以上の魂なんだよ。そのお母さんたちも、すごいんだよ。

そうやって教えてあげたの。

そしたら、その子が、この前の発表会で、すごいこと発表したの。

オレから教わって一週間か十日たってからが、その発表会で、その前の、最初の質問のときにね。

自分はなかなかできないのに、いきなりきた女の子やなんかで、食事でも何でもウマく教えられる。

食べさせたり、できる子がいるんだ、って。

だから、オレ、言ったのね。

「その子はね、何代もやってんだよ、そういう子の面倒を見るのを。キミは今世、はじめたばかりだから、その子ほどウマくはできないんだよ」

って言ったの。それで、

「立派なお母さんだとか、立派な魂の子だと思って、接してごらん」

と言ったら。

この前の発表会のときに、すごいこと言ったのね。

「自分は、ガマンして、ずーっと何年間もこの職場に勤めてるんだ」と思ってたんだって。

だけど、一人さんに教わって、見方が変わったら、

「『この子たちが未熟なオレにガマンしててくれたんだ』ということがわかったんだ」って。

で、この子たちは文句も言わずに、ずーっと、ガマンしてくれてたん

だ、ということがわかったら、
「もう、体が震えるような思いをした」
って言うんだね。

だから、人間って、魂的なことがわかると、違いが出てくるね。同じような環境で働いてても。

それで、その男の子は「ここに一生勤めるかどうか、わかんないけど、勤めてる限りは一生懸命やりたいんだ」って。

「未熟な自分につきあってくれてる子に、一生懸命、やりたいんだ」って、言ったんだよね。

だから、すごいなぁ、って。

いくつからはじめようが、今からはじめれば「来世は楽」なんだよ

いいかい。

オレたちの魂は、努力したものは、むだにならないし、消えないから。

イチローみたいな人は、一千年もスポーツやってんの。

ショパンみたいな人はね、三歳でね、こう、なんとかいう有名な曲を弾いた、っていうけど、何代もやってんの、十代も二十代も音楽に打ち込んでるの。

だから、生まれたときにはもう天才なんだよ。

だから、「三歳からウチの子もやらせたら……」って言うけど、あんたの子は、今世、はじめてなんだよ（笑）。

ね、だから、よく人は、

「あいつはいろんな才能があって、得してるけど、オレは得してない」

とかって言うけど、そうじゃないの。

よく、「得意なものは？」って言うと、「いや、僕、何もないんです」って。

それって、今まで特別な努力は何もしてこなかった、っていうことなの（笑）。

だったら、今からやればいいの。

音楽が苦手なオレだってさ、バイオリンを、今から、ギーコ、ギーコやってりゃさ。

一千年も楽しく努力すれば、名人になっちゃう。

「ウマいですね」

になっちゃうんだよ。

だから、そういう蓄積があってやってんだから、逆に言えば、「もう歳だから」じゃないの。
今からでもやればね。

なんか、高野山だか、比叡山だったか忘れちゃったけど、そこの百歳近いお坊さんが、
「これから英語をやる」と言ったら、
「今からじゃ、遅いんじゃないんですか？」と言われたんだよ。
でも、そのお坊さん、「来世、楽だから」って言ったんだよね。
すばらしいね。
だから、そういう目で見ると、ものごとが、ずーっと見えてくるんだよね。
わかるかい？

それで、生まれ変わり、生まれ変わりしながら、わかればいいんだよな。

「あ、自分が前世やったことなんだ、刈り取ろう」っていうことで。

カルマをダルマに変える方法

それで、今から、このカルマを、ダルマに変える方法がありゃいいんだよな。ホントにね。

「カルマをダルマに変える会」って、ダルマの会みたいの作りたいと思ってるぐらい（笑）。

カルマをダルマに変えるって、因果を解消するってことだよ。
それでね。どうするんですか？　って話なんだけど。

これからが、しあわせになる話なんだよな。
でも、全然信じられない人は、おとぎ話を聞いてるつもりでいてよ。

あのね、「私は愛と光と忍耐です」って。

もう一回言おうか。
「私は愛と光と忍耐です」
あのね。
天の中心に、何と呼んでいいかわからないエネルギー体があるんだよ。
これを、「アラー」と呼ぶ人もいるんだよ。
「ヤハウェー」と呼ぶ人もいるんだよ。

「大日如来《だいにちにょらい》」と言う人もいるんだよ。

「盧遮那仏《るしゃなぶつ》」と言う人もいるんだよ。

日本的に言うと、「天之御中主《あめのみなかぬし》さま」と言うんだよ。

要は、天の中心に、すごいものがある。

それが、オレたちに分霊《わけみたま》というのをくれていて、命はそこからしか来ないんだよ。

だから、世界中の学者が集まっても、タンポポの葉っぱ一枚できないんだよ。生きてる物は、何も作れないんだよ。

生命というものは神がくれるものなんだよ。だから、分解するとタンパク質が何％。何が何％って。

じゃ、ぜんぶ、材料集めて、命、作ってごらん。

それって、できないんだよ。

オッケーかい？

オレたちは、分霊というのをもらってんの。

で、このおとぎ話のような話が信じられれば、因果を解消できるんだよ。

オッケーですか？

「私は愛と光と忍耐です」

それで、この、天の中心の神さま、なんと呼んでもかまわないからね。

この神さまは、愛と光。

愛と光と忍耐でできてるんだよ。

オッケーかい？

愛と光と忍耐でできてるんだよ。

だから、自分も、愛と光と忍耐になっちゃえば神と同じになっちゃうんだよ。

オッケー？

それでね。

これからが、因果の解消法で、しあわせになっちゃう話ね。

一日、一〇〇回、「私は愛と光と忍耐です」って言うの。

オッケーかい？

今言ってることは、「みんなで実験しよう」って言ってるの。

いいかい。実験して、みんなが同じ結果が出ればいいんだよな。

わかるかい。

で、オレは「証明できる」と言ってるんだよ、そのことを。

でね。

「私は愛と光と忍耐です」

って一〇〇回言うと、忍耐が苦手な人は、「忍耐」って言うと、嫌な気持ちがするんだよ。

愛のない人は、「愛」って言うと、嫌な気持ちがするか、逆に涙を流しだすか。

要は、受け入れられないものがあるんだよ。

で、なぜ、受け入れられないんですか？――って言うと。

愛。

要するに、愛とか、忍耐以外のモノが心のなかに入ってるんだよな、満ちてるんだよ。心は空っぽではないんだよ。

たとえば、コップのなかに泥水が入っていて、それを水道の蛇口の下に置いて、水道水をタラッ、タラッとたらすと、朝までに真水に変わるだろ。

キレイな水になるよな。

ということは、「ポタッ」っていうキレイな水が入ったとき、泥水が出ていってるんだよな。

わかるかい？

そうすると。

「愛と光と忍耐です」

って、心のなかに入れていると、それ以外の不純物が心のなかから出て行くんだよ。

そのときに、嫌な気分になるんだよ。

わかるかい？

今まで嫌な気分をためてたんだよ。

だから、そんな気持ちのままでしあわせになれるワケないんだよ。

そうすると、人によって、一日目か二日目か、四日目か、わかんないけど。

心が晴れ晴れとするときがあるんだよ。

遅くても、だいたい十日間でキレイになるんだよ。

一日一〇〇回、十日で心がキレイになるんだよ。もちろん、一日に一〇〇回以上、言ってもいいんだよ。それから、十日過ぎても、毎日一〇〇回以上、言い続けるんだよ。

ただ。

ここにいる人たち、一日一〇〇回ずつ言って、何日目でスカッとしてきましたか？――って、それ、話しあいましょうよ。

知ったことは経験する。因果が出るんだよ、そのとき……

いいかい。
心のなかに、「愛と光と忍耐」を入れるよね。
で、これを「知る」と言うんだよ。
いいかい。

みんな、オレから教わったから、知ったんだよね。
で、これを「知る」と言うの。
知ったことは、やってみて経験するの。
オーケー？

経験というのは、たとえば「水泳というものがあるんだよ」っていう話をいくら聞いても、水のなかに入らなきゃ泳げない。

空手の本、一〇冊読んでも瓦《かわら》は割れないんだよ。

瓦は割れずに、手が割れたりするんだよ（笑）。

わかるかい？

それは経験しなきゃできないんだよ。


じゃ、知りました。

そうしたら、恵美子さんだろうが、何だろうが、全員、前世でやったことが違うから、起きてくる因果がぜんぶ、違うんだよ。

でも、答えはたった一個なんだよ。


この問題を、愛と光と忍耐として答えたら、どうなるだろう――それで答えを出すクセをつければいい。

「いや、浮かばなかったです」って。

浮かばなくてもいいんだよ。

以前は「このバカヤロー」と言っちゃうところを、

「自分が愛と光と忍耐だとしたら……」

って考えただけでも、前より一歩。

オッケー？

一歩、進歩してるんだよ。

ね、それで。

そういうふうに考えるようにしてると、次の段階は、答えが出るようになるんだよ。

答えが出たら、それをやってみたらいい。すると、やったら、どうなるか。

そうすると、こういう現象が起きるんだよ。

そのときに、最善だと思ってやったことでも、心にひっかかりができるんだよ――。

スカッとするんじゃないんだよ。

「もうちょっと、やさしく言えばよかった」とか。

「オレ、笑顔が足りなかった」とか。

あとから反省点が出るんだよ。

わかるかい？

そうすると、その反省をしながら、また次に、魂は上に、上にと向上するんだよ。

オッケー？

自分が高台にあがれば、津波はかぶらない

因果とは、あなたが前世でつくった因果と同じ高さの津波がくると思えばいいんだよ。

因果を作ったときと同じ高さにいるから、津波をもろに受けてしまうんだよ。

ところが、魂が向上して、上に行っちゃえば、津波がきても被害はないんだよ。

津波は来ない、と言ってるんじゃないの。

わかるかい？

だから、起きたことに対して、これは「愛と光と忍耐で」っていう解決法を考えればいいんだよ。

それを言うクセをつけると、ぜんぶ、因果は薄くなるか、消えちゃうんだよ。

オッケー？

すると、必ず、心がひっかかる。心がひっかかったら、また改良して、またやる。

そうすると、どうなるか。

だから、カルマがダルマに変わる

いいかい。

魂が向上してくると、今度は、神さまが試験を出すの。

で、こういうことしてても問題が起きるんですか?——って、起きるよ。でも、慣れてくると、「そろそろ神さまの試験があるぞ」ってわかるようになる。

どうしても否定的なことを言いたくなるような試験を出されるんだよ。そのときに、否定的なことを言わずに、「この問題は愛と光と忍耐で答えたら」って考えたら、ぜんぶ、答えは正解なんだよ。

で、答えの出し方の問題じゃないんだよ。

いちばんの問題は、心がまえなんだ。要するに、

「愛と光と忍耐としたら……」

っていうことなんだよ。

オッケー？

それで、やればぜんぶがウマく行って、因果は解消するんだよ。要するに、カルマがダルマに変わるんだよ。

オッケーかい？

いいかい。

この世のなかには対極というのがある。

たとえば、男がいて、女がいるよな。

闇があって、光がある。

それで、いいか、よく覚えててよ。

神とは、愛と光、なんだよ。

愛と光、というのは、簡単に言うと。

「愛」とは、やさしさなんだよ。

それで、「光」とは、明るさなの。

心がやさしくて明るいんだよ。


もう一回言うよ。

心がやさしくて明るいの。

この、「愛と光」の世界は、すべてがうまくいく神の領域なんだよ。

その「愛と光」の反対側《がわ》・対極にあるのが、「闇と恐れ」なんだ。この世界は、何をやっても最後には不幸になる、悪魔の領域なんだよ。

たとえば、一メートルの棒で、神の領域と悪魔の領域をあらわすとする。

それで、真んなかから右へ行くほど、「愛と光」が強いんだ。真んなかから左へ行くほど、暗くて恐れが強いんだ。

たとえば、心配というのは真んなかより少し左。

だから、心配が高じたものが恐れなんだ。

要するに、恐れが、ちょっと軽くなったようなものが心配事なんだよ。

だからオレが、「心配だ、心配だ」「子どもが心配だ、心配だ」とかって、言ってる人は、天国に行けないぞ、って言うのは、心配は悪魔の領域だからなんだよ。

わかるかい？

よく、子どもを心配するのは当たり前、って言うけど、子どもは一個の魂で、あなたの所有物ではないんだよ。

あなたの子どもの魂は、川が流れるがごとく何度も生まれ変わって今世、あなたの体を通して出てきたけど、魂は一個の、別モノなんだよ。

あなたと同等の魂なんだよ。

だから、この魂は、自分でやることを背負ってきてるんだよ。
だから、どんなことでも修行してカルマを解消しようとするんだよ。
だけど、親は、苦労をさせたくないんだよ。
だけど、片一方は、経験して、因果を解消したいんだよ。
だから、そこにぶつかりあいが生じるんだよ。

この子はこの子の、魂で、自分で背負えるものをもってきた。
あなたは、それを超えられる立派な人なんだ。お母さんは信じてるよ
——って言うのが、「信じてる」ってことなんだよ。

それと、お母さんにはお母さんの魂の成長があるんだよ。

わかるかい?

子どもを信じて、自分を信じて、神を信じてる人間に、心配なんかないんだよ。

わかるかい？

それで、一メートルの棒の真んなかから右の、神の領域。

いいかい。

神の領域、愛と光というものに、いつも心を、忍耐強く置くんだよ。忍耐とは、苦しいこと、悲しいことに耐えろ——と言ってるんじゃないんだよ。

オレ、仕事をしてても、そんなに「忍耐強く」とか「辛抱して」とか、やったことないんだよ。

そのかわり、気持ちを暗いほうとかに絶対持ってったりしないんだよ。

オレのお弟子さんで、オレの機嫌とった人、「いない」っていうぐらいなんだよ。

何十年間も、オレは自分で心を「愛と光」に置いてるんだ。要は、やさしくて、機嫌がよくて明るいところにいつもいるんだよ。

わかるかい？

みんなが否定的なのは、実は、習慣なんだよ。

みんなが暗い、っていうのは、習慣なんだよ。

で、あなたの習慣、じゃないんだよ。

あなたの考えは、あなただと思ってるけど、実は親の考えとか。その親はおじいちゃんの考え。先祖代々、そういう考えで。

あとは世間のいうことを聞いてるだけで。

あなたのホントの考えなんか、何％もないんだよ。

あなたが、あなただと思ってるのは実は本当の、あなたではないんだよ。

わかるかい?

本当の自分でいるには、自分がいつも、神の領域にいることなんだよ。

愛と光に心をとめておくことなんだ。

だけど、みんなすぐ、戻っちゃうんだ。

よく、「タバコがやめられない」って言う人いるじゃん。

で、誰かが、刀みたいのもってきて、「タバコ吸ったら、刺しますよ」と言ったら、タバコ止めるよな(笑)。

わかるかい?

それと同じように、自分で自分の心に刃物を置くんだよ。愛と光から心がぶれないように刃物を置くんだよ。

いいかい。

忍耐の「忍」っていう字は、刀の下に心を置くんだよ。

たとえば、歯磨きでも、左から磨いちゃう人が、「右からのほうが正しいんだよ」と言われたら、一週間ぐらいはガマンして、意識的に右から磨くようにすればいいんだ。

要するに、反対側からこうやってやるクセをつければ、自然と右から磨くようになっちゃうんだよ。

だから、クセをつけるまでは、心に刃物の「押忍《おす》！」という気持ちがないとできないんだよ。

わかるかい？

グッと忍ばないとダメなんだよ。

それで、心を、愛と光のところに置いとかないとダメなんだよ。

オッケーかい？

覚えといてよ、神の声の聞き方

だから、「忍耐」とは、嫌な亭主でもガマンしましょう、とか、どんなことでもガマンしましょう、とか、そういうことを、言ってるんじゃないんだよ。

忍耐とは、辛抱強く、心を明るいほうに置くことなんだよ。

そうすると、どういう現象が起きるか、っていうと。

いいかい。

人はワクワクすることをすると、成功する――って本が、ずいぶん出たんだよ。

それを、はなゑちゃんやなんかが、二十何年前に、

「これ、一人さん、ホントなの？」

と言ったとき。

それ、すごい危険な考えだよ、って。

なぜかというと、人間の心が愛と光にいるときは、神の領域だから、神のひらめきなんだよ。

ところが、「心配だ」って思ってる人もいるよね。

たとえば、「老後が心配だ」って。

「このままで、あたしたち、やっていけるのかしら」

って、思ってるときに、投資の話が出てきて、月一割くれる、とかって言うと、その人も、ワクワクするんだよ。

問題は、成功者にだけアンケートをとったら、「ワクワクしました」って言ったんだよ。

わかるかい？

失敗者もワクワクはしてるんだよ。

だから、神の領域にいるときにワクワクしたんですか？

悪魔の領域にいるときに、ワクワクしたんですか？って。

悪魔の領域でワクワクした場合は、よく考えなきゃいけないんだよ。

考えると、「そんな、投資話なんか、あるわけない」って。

テレビやなんかでも、聞いてんだよ。

それで、「考える」というのは、知識のたまものなんだよ。

わかるかい？

知識だから、もしかすると、オレオレ詐欺で、

「おかあちゃん、オレだよ」

と言ってても、そういうの、テレビでやってたな、とか。

「ホントにおまえ、アレだったら、なんつう名前なの?」とか。

「生年月日、言ってごらん」とか。


悪魔の領域の人は、よく考えなきゃいけないんだよ。

で、神の領域の人は、ひらめきで行動しなきゃいけないんだよ。

要は、「愛と光」でやってりゃいいの。

わかるかい?

悪魔の領域で浮かんだことにワクワクしたからって、やったら、エライことになっちゃうんだよ。

だから、友だちに聞くとか、な。

人に聞けば、人の知識までもらえるんだよ。

ところが、神の領域でひらめいたものは、行動したほうがいいんだよ。

「愛と光」の領域のときにひらめいたものは、神のひらめきだから、やっても間違いはないんだよ。

だから、成功者は必ず、愛と光の、神の領域に、心を置いてるんだ。

わかるかい？

周りが闇――が、神がくれる最初のプレゼントなんだよ

心を神の領域に置いてる、そこに辛抱強く、忍耐強く心をとどめるクセをつけるんだよ。

そうすると。

オレなんかの場合、「いろんなものが、よく、ひらめきますね」って言われるけど。

「愛と光」のところに忍耐強く心を置いとくと、いろんなひらめきがくるようになるんだよ。

だから、これは誰でもできるんだよ。

で、こういうことを聞くと、

「あぁ、人は愛と光なんだ。言ってみよう、やってみよう」

ってやりだすと、心のなかに灯《ひ》がともるんだよ。

で、こういう話を聞かないときは、無明《むみょう》の世界といって、闇のなかをライトも点《つ》けずに車を運転してるようなもんだから、やたら事故ったり、ぶつかったりするんだよ。

ところが闇のなかで、あなたの心に、灯がともりました。

そうすると、何がわかるんですか?

周りが闇だ、ということがわかるんだよ。

これが神のプレゼントで、まず第一の気づきなんだよ。

どういうことですか?——って、自分が天国言葉を言ったり、「私は愛と光と忍耐です」とかって、言ってても、周りに暗い人ばっかりいるとか、地獄言葉を言う人ばっかり、だとかって言うんだよ。

それって実はやっと気がついたんだ。

あんたもそれを言ってたんだよ(笑)。

そういうことなら、辛抱強くやり続ければいいんだ。

忍耐強く「愛と光で」って、やってればいいんだよ。

そうすると、あなたの光が大きくなるんだよ。

そうすると、周りも照らされだして、変わってくるんだよ。

で、オレたちは、人生という時間。

今、こうしてしゃべってても、一分、一分、時間が過ぎるように、旅路を歩いてるんだよ。

それで、心に灯《ひ》をともしながら、「愛と光と忍耐」と言うことで答えを出して歩いてると、類友の法則で、類は友を呼ぶ——といって、同じような仲間が集まってくるんだよ。

そこで人生が変わりだすんだよ。

わかるかい？

だから、これを淡々とやり続けなきゃいけないのに、

「周りが暗いからヤんなっちゃう」

って、地獄言葉を吐いちゃいけないんだよ。

周りが暗いから電気がいるんだよ。

電気の球で「闇夜がヤんなっちゃう」とかってないんだよ。闇夜を照らすために光はあるんだよ。

だから、オレたちはそのために灯をともすんだよ。

で、天国言葉、「私は愛と光と忍耐です」を言い続けるんだよ。

誰でもこの言葉を言うと、状態はよくなるけど、心にひっかかりができて、

「次はもうちょっと、いいこと言おう」

「もうちょっと、いいこと言おう」

って、魂が成長する。

そうすると、それでも、神さまが地獄言葉を言いたくなるような、試験をくれる。

で、その試験をくれても、相も変わらず、愛と光で、忍耐強く、これで

答えを出すんだよ。

そうすると、その闇のような問題が消えてなくなるんだよ。

わかるかい？

知る、経験する、自分が何者かがわかる

今、オレから、「法」という、教えを聞いたんだよ。

「法」というのは、しあわせになる方法なんだよ。ね。

「経《けい》」というのは、たて糸のことなんだよ。ね。

地図の、日付変更線やなんかに書いてある、横線とたて線。横線が緯度、たて線が経度と言うんだよ。

それで、この「経」というのは、たての糸を持ってたらしたときに、糸

の下にオモリをつけると、まっすぐになる、まっすぐ下を向くんだよ。

横向いたり、上向いたりはゼッタイないんだよ。

世界中、そうなんだよ。

これは、世界共通の教え、という意味なんだよ。


だから、オレが教えてるのは、「経」なんだよ。

世界で同じことができるよ、っていうことを言ってるんだよ。

だから、オレが教えたら、東京ではそうなるけど、大阪ではそうなりませんでした、ってことはありえないんだ、って言ってるんだよ。

わかるかい？


だから、起きた問題を、「愛と光」でこうやって解決していくんだよ。

ね、そうすると、神さまが、それでもグチを言いたくなるような試験を出す。

試験が出てきたら、「愛と光」の答えを出す。
で、これをただ単純にやっていればいいんだよ。そうすると、どうなるかっていうと。
あなたは自分をつまらない人間だと思っていたかもしれないけど、いいかい。
オレから「法」を知る。
経験して行う。
そうすると、実は自分が何者かがわかるんだよ。
自分って、つまらない人間じゃなくて、すごい人間なんだ——って。
人のお役に立つ、すごい魂なんだ——っていうことがわかるんだよ。
わかるかい？

悟りの三位一体――これを、みんなでやってみよう

知る、経験する、自分が何者かがわかる。

これを、「悟りの三位一体《さんみいったい》」というんだよ。

だから、その三位一体、やってみようね、って。


で、オレがね、一人さん塾、まるかん塾と呼ぶか、なんかわかんないけど、その塾でやりたいのは、みんなでこのことをやろうってこと。

それで、一人ずつが、

「これをやってたら、こういうことが起きました」

っていう発表をしよう。

そしたら、本当は、自分一人の経験は一なんだよ。

だけど、五人が一人ずつ体験を話せば、五人の話を聞けば、経験が五倍になるんだよ。

人は、いいものの知識を出しあえば、一〇人いれば一〇倍、二〇人いれば二〇倍、魂が向上するんだよ。

で、その向上のための話なんだよな。

だから、できたらこういうCDをいっぱい配ってあげれば、別にウチに集まってこなくったって、一人だってできるんだよ。

仲間と一緒に勉強したい、っていう人が集まればいいんだよ。

それで、魂が向上してったときに、ホントにしあわせになるのか、そうじゃないのか、実験しよう、って。

ね、実験すれば、誰だってわかるんだよな。

それで、それの、発表しあえる会が、できたらいいなって。一人さんの仲間の集まる会をそれで作りたいんだ。

わかるかい？

みんなさ。

私は愛と光と忍耐です――これ、一日一〇〇回ずつ言って。

それで、やったら、すぐわかるから。

わかるかい？

いいものは、すぐわかるんだよ。

で、やりましょう、ってことです。

もちろん、一日一〇〇回以上、毎日言うんだよ。十日でやめちゃダメだよ。一人さんは、毎日言ってるよ。

これで終わりまーす。

編集協力——日花

ひとりさんとお弟子さんたちのブログについて

斎藤一人オフィシャルブログ

https://ameblo.jp/saitou-hitori-official
一人さんが毎日あなたのために、ついてる言葉を、日替わりで載せてくれています。ぜひ、遊びにきてください。

斎藤一人公式ツイッター

https://twitter.com/O4Wr8uAizHerEWj

お弟子さんたちのブログ

舛岡はなゑさんのブログ	https://ameblo.jp/tsuki-4978/
みっちゃん先生のブログ	https://ameblo.jp/genbu-m4900/
宮本真由美さんのブログ	https://ameblo.jp/mm4900/
千葉純一さんのブログ	https://ameblo.jp/chiba4900/
宇野信行さんのブログ	https://ameblo.jp/nobuyuki4499/
尾形幸弘さんのブログ	https://ameblo.jp/mukarayu-ogata/

楽しいお知らせ

無料

ひとりさんファンなら
一生に一度はやってみたい

「八《はち》大《だい》龍《りゅう》王《おう》参り」

ハンコを10個集める楽しいお参りです。
10個集めるのに約７分でできます。

場所：ひとりさんファンクラブ
東京都葛飾区新小岩 1-54-5
（ＪＲ新小岩駅南口アーケード街徒歩3分）

電話：03-3654-4949
年中無休（朝10時～夜７時）

無料

金運祈願
恋愛祈願
就職祈願
合格祈願
健康祈願
商売繁盛

「楽しい九字切り」は各地のまるかんの
お店でも、無料で教えてくれますよ。

著者紹介

斎藤一人（さいとう　ひとり）

「銀座まるかん」創設者で納税額日本一の実業家として知られる。1993年から、納税額12年間連続ベスト10という日本新記録を打ち立て、累積納税額も、発表を終えた2004年までに、前人未踏の合計173億円を納めた。土地売却や株式公開などによる高額納税者が多いなか、納税額はすべて事業所得によるものという異色の存在として注目されている。

また、著作家としても、心の楽しさと経済的な豊かさを両立させるための著書を多数出版。

主な著書に『図解 斎藤一人 大富豪が教える読むだけで、強運になれる本』（ＰＨＰ研究所）、『斎藤一人 しあわせを招くねこ』（ＫＫロングセラーズ）、『お金の真理』（サンマーク出版）などがある。その他、多数の著書がすべてベストセラーになっている。

この作品は、2012年10月にＰＨＰ研究所より刊行された作品に加筆・修正を加えたものです。

PHP文庫　知らないと損する不思議な話

2017年7月18日　第1版第1刷
2021年12月9日　第1版第2刷

著　者　斎藤一人
発行者　永田貴之
発行所　株式会社PHP研究所
東京本部　〒135-8137　江東区豊洲5-6-52
PHP文庫出版部　☎03-3520-9617(編集)
普及部　☎03-3520-9630(販売)
京都本部　〒601-8411　京都市南区西九条北ノ内町11
PHP INTERFACE　https://www.php.co.jp/
組　版　株式会社PHPエディターズ・グループ
印刷所　株式会社光邦
製本所　東京美術紙工協業組合

ISBN978-4-569-76737-6

PHP文庫

変な人が書いた人生の哲学

斎藤一人 著

つらいとき、悩んだとき、この本が味方ですからね――斎藤一人。仕事、人間関係、家族、お金の悩みが、読むだけで一気に解決する一冊！

PHP文庫

人生が楽しくなる「因果の法則」

斎藤一人 著

成功したいなら、知っておくべき〝基礎〟がある——。日本一しあわせなお金持ち・斎藤一人さんが誰も知らない人生の仕組みを大公開!

PHP文庫

強運

斎藤一人　著

強運には法則があった！　日本一の成功者、斎藤一人さんが明かす運に恵まれ続ける発想の転換術。この一冊で、仕事も人生も好転します。

PHP文庫

人生に成功したい人が読む本

斎藤一人 著

「世間の声なんて聞くな」——日本一のお金持ちである斎藤一人さんが、人生に成功したい人に向けて、楽しく生きる極意を教えます！

PHP文庫

絶対、よくなる！［令和パワーアップ版］

斎藤一人 著

「心配しないでください。あなたの人生は絶対、よくなります」――。多くの人生を変えた12万部突破のベストセラー、待望の文庫化！